동조하기

동조하기

Conformity

캐스 R. 선스타인 지음

고기탁 옮김

들어가는 말

동조(同調) 현상은 인류의 기원만큼이나 오래되었다. 에덴 동산에서 아담은 이브의 이끎을, 즉 선례를 따랐다. 여러 거대 종교의 세계적인 확산은 부분적으로 동조의 산물이다. 특히 기독교와 이슬람교, 유대교를 중심으로 한 관련 주제로 여전히 많은 책이 발간되고 있다.[1] 관용과 친절, 취약 계층에 대한 관심, 배려, 사유 재산의 보호, 인간의 존엄성에 대한 존중, 이 모든 것은 일종의 사회적 접착제를 제공하는 동조를 그 동력원으로 삼는다.[2]

동조는 잔혹 행위도 가능하게 만든다. 홀로코스트는 많은 것을 보여 주었지만, 특히 동조의 힘이 얼마나 엄청난지를 단적으로 보여 주었다. 공산주의의 발흥 또한 동조의 힘을 보여 주었다. 오늘날의 테러는 빈곤이나, 정신 질환이나, 부족한 교육의 산물이 아니다. 대부분은 인간이 다른 인간에게 가하는 압박의 산물이다. 그리고 이러한 압박은 동조와 밀접한 관련이 있다. 같은 정당에 속한 사람들이 함께 행진할 때, 그들의 신념이나 분노를 드러낼 때, 또는 다른 정당에 속한 사람들을 조롱할 때 동조가 작용한다. 민족주의는 최선의 모습일 때, 그리고 최악의 모습일 때도 동조를 동력원으로 한다.

차차 알게 되겠지만 동조 개념은 보기보다 훨씬 더 흥미롭고 복잡하다. 그에 비하면 해당 영역의 상당 부분을 차지하는 관념은 주로 다음의 두 가지 생각이다. 첫째로, 다른 사람의 행동과 진술은 〈무엇이 사실이며, 무엇이 옳은지〉에 대한 정보를 제공한다. 당신의 친구와 이웃이 특정한 어떤 신을 숭배하거나, 이민자들을 두려워하거나, 현재 대통령을 좋아하거나, 기후 변화가 거짓말이라고 믿거나, 유전자적으로 변형된 식품을 먹으면 위험하다고 생각한다면 당신에게는 그 모든 것을 믿을 이유가 있는 셈이다. 어쩌면 당신은 그들의 믿음을 당신이 믿어야 하는 증거로 받아들일지 모른다.

둘째로, 다른 사람의 행동과 진술은 〈당신이 계속해서 그들에게 좋은 평가를 받고자 하는 경우에〉(또는 애초에 그들에게 좋은 평가를 받고자 하는 경우에) 당신이 해야 할 말과 행동을 알려 준다. 비록 속으로는 그들과 생각이 다를지라도 당신은 그들 앞에서 침묵을 지키거나 동의를 표할 수 있다. 일단 그렇게 하고 나면 당신의 내면에는 변화가 생기기 시작한다. 즉 그들처럼 행동하고, 심지어 그들처럼 사고하기 시작할 것이다.

동조라는 주제는 특정 시간이나 장소의 제한을 받지 않으며, 나는 동조를 주제로 한 논의도 마찬가지이기를 바란다. 그런데도 현대 기술이, 특히 인터넷이 이 오래된 현상을 재조명하고 있음을 언급할 필요가 있다. 당신이 높은 수준의 균질성을 보이는 작고 궁벽한 어떤 마을에 산다고 가정해 보라. 당신의 지식은 대부분 그 외진 마을까지 알려진 것들에 제한되며, 당신의 믿음은 이웃들의 믿음을 보여 줄 것이다. 당신은 전적으로 이성적일 수 있지만, 당신이 믿는 것은 전혀 이성적이지 않을 수 있다. 루이스 브랜다이스Louis Brandeis 판사가 주목했듯이 〈인간은 마녀를 두려워했으며 여자들을 불태워 죽였다〉.[3]

당신의 상상력과 경험이 당신을 새로운 방향으로 인도하지 않는 한 당신은 이웃들과 똑같이 행동하고 사고할 것이다. 확실히 어떤 사람들은, 이른바 반항아로서 사회에 정보를 늘려 주기도 한다. 그들에게 일탈은 동조보다 훨씬 매력적으로 보일 수 있다. 그들은 상식이라는 틀에서 벗어나 괴짜가 되기를 〈원한다〉. 하지만 그들의 세계가 제한되어 있다면 한계도 제한될 수 있다. 그들이 보고 상상할 수 있는 것의 한계가 존재하기 때문이다.

어디에 사는지는 이제 더 이상 중요하지 않다. 당신이 온라인에서 많은 시간을 보낸다고 상상해 보라. 어떤 면에서 전 세계가 당신의 손안에 있다. 〈세계의 종교〉를 검색하면 당신은 순식간에 많은 것을 배울 수 있다. 〈기후 변화와 거짓말〉을 검색하면 다양한 관점을 발견할 수 있을 뿐 아니라 한두 시간을 관련 주제에 기꺼이 투자할 마음만 있다면 과학자들이 생각하는 바를 적어도 대략적으로나마 이해할 수 있을 것이다. 〈유전자적으로 변형된 식품의 건강상 위험〉을 검색하면 지극히 기술적인 기록물들을 비롯해서 여러 형태의 다양한 연구 기록물을 발견할 수 있다. 신뢰할 수 있는 정보를 분류해 내기란 물론 쉽지 않다. 인터넷은 그야말로 헛소리가 넘쳐 나는 곳이기 때문이다. 여기에서 핵심은 다음과 같다. 순종적인 성향을 가진 사람은 무엇을 따를지 또는 누구를 따를지 결정하기 전에 상당한 선행 작업을 수행할 필요가 있다.

이 같은 변화는 여러 가지 면에서 인류에게 엄청난 진보이다. 우리의 잠재적인 지평은 다른 어느 때보다 넓으며 지금도 매 순간 확장되고 있다. 동시에 인간은 부족의 일원으로서 존재하는 듯하다. 우리가 어디에 살든 —

작은 어느 마을이든, 뉴욕이나 코펜하겐, 예루살렘, 파리, 로마, 베이징, 모스크바와 같은 곳이든 — 우리는 부족에 대한 충성심을 발전시킨다. 그리고 일단 충성심을 갖게 된 이후에는 다른 사람들보다 특정한 일부 사람들이 보내는 정보적 신호를 따른다. 우리는 우리가 사랑하거나, 존경하거나, 좋아하거나, 신뢰하는 사람들로부터 인정을 받고 싶어 한다. 그런 이유로 세상에 수많은 부족이 존재하는 한, 그리고 우리가 그들 중에서 어느 정도 자유롭게 선택할 수 있는 한 동조 압박은 계속될 것이다. (나는 새로 사귄 친구에게 왜 우리가 서로를 그토록 좋아하는지 물은 적이 있었다. 곧바로 그녀의 답변이 돌아왔다. 「같은 종족이잖아.」)

내가 글을 쓰는 이 순간에도 세상은 부족주의의 부활을 목격하고 있는 듯하다. 미국을 비롯한 유럽과 남아메리카에서 사람들은 스스로를 정치와 종교, 인종, 민족의 관점에서 정의된 식별 가능한 부족으로 분류한다. 물론 겉으로 보이는 모습은 오해의 소지가 있을 수 있으며, 실제로 그러한 부활이 이루어지고 있는지 알기 위해서는 신중한 분석이 필요할 것이다. 그렇지만 많은 사람에게 일반적으로 인터넷, 특히 소셜 미디어가 전에 없던 동조 압박을 가할 수 있음은 의심의 여지가 없다.

정보적 신호로 시작해 보자. 페이스북이나 트위터(현 X) 피드를 통해 당신은 당신이 좋아하거나 신뢰하는 사람들로부터 온갖 종류의 자료를 받을 것이다. 그들은 당신에게 국가 지도자나 범죄, 러시아, FBI, EU, 신상품, 양육법, 새로운 정치 운동 등 — 그야말로 무엇이든 — 에 대해 이야기한다. 그리고 당신은 그들을 신뢰하기 때문에 그들이 이야기하는 것 또한 신뢰할 것이다. 이번에는 자신의 평판이나 사회적 지위에 대한 당신의 우려로 눈을 돌려 보자. 당신의 온라인 커뮤니티 속 사람들이 특정한 성향을 보이는 경우에 당신은 그들에게 동조하거나, 적어도 이의를 제기하지 않으려 할 것이다. 물론 그들과의 관계가 얼마나 돈독한지에 따라 많은 것이 달라질 수 있다. 그들이 당신을 어떻게 생각하든 어쩌면 당신은 별로 신경 쓰지 않을 수도 있다. 하지만 많은 경우에 사람들은 다른 사람이 자신을 어떻게 생각하는지 신경 쓴다. 그리고 이런 현상은 많은 사람이 동조하는 경향이 있음을 의미한다.

동조에 관한 단순한 평가는 거의 아무런 의미가 없을 수 있다. 그러나 한편으로는 문명 사회를 가능하게 만드는 데 도움이 될 수 있다. 다른 한편으로는 공포를 조장하고 창의성을 파괴할 수도 있다. 여기에서 내가 강조하고자 하는 것은 동조의 역학에 관한 것이다. 요컨대 동조가 어떤 작용을 하고, 어떻게 작용하는지에 대한 것이다. 동조에 관한 종합적인 평가는 희망컨대 뉘앙스를 식별하는 것이다. 혹시라도 관련 논의가 부적응자나 반대자를 언급할 때 가장 활기를 보인다면, 그것은 그것대로 어쩔 수 없는 부분이다.

동조는 긍정적인 측면도 많지만, 동시에 인간에게 가장 소중하고 필수적인 어떤 것을 파괴할 수도 있다. 밥 딜런Bob Dylan은 이 문제를 다음과 같은 알쏭달쏭한 말로 표현했고, 나는 제법 그럴 듯하다고 생각한다. 〈법망의 밖에서 살려면 정직해야 한다.〉[4]

차례

서론:

사회적 영향의 위력

사람은 서로에게 어떻게 영향을 미칠까? 반대 의견이나 불만을 가진 사람, 부적응자, 회의론자의 사회적 기능은 무엇일까? 이런 질문의 답은 사회적 안정이나 사회 운동의 등장, 법과 정책, 민간 및 공공 기관의 설계와 어떤 관련이 있을까? 방향 설정을 위해서는 다음의 세 가지 단서를 고려할 필요가 있다.

1. 몇 년 전 다른 두 개의 도시에서 시민들을 모집했고, 이 사람들을 보통 6명씩 소집단으로 나뉘었다.[1] 각각의 소집단은 당시에 가장 논란이 되고 있던 세 가지 문제, 즉 기후 변화와 소수 집단 우대 정책, 동성 간의 결합에 대해 신중히 토론하도록 요구되었다. 두 도시 중 하나는 대체로 진보적인 투표 성향을 보이는 것으로 알려진 볼더였고, 다른 하나는 보수적인 투표 성향을 보이는 것으로 알

려진 콜로라도스프링스였다. 시민들은 자신의 견해를 개별적으로, 그리고 익명으로 먼저 기록하고 난 뒤에 다른 구성원들과 토론을 거쳐 집단 결정을 도출하도록 요구되었다. 토론이 끝나고 개별 참가자들은 논의 이후에 그들이 갖게 된 견해를 다시 익명으로 기록했다. 그들의 생각은 어떻게 달라졌을까?

집단 토론 이후에 볼더 출신 참가자들은 세 가지 사안에 대해 더 진보적으로 변했다. 반면에 콜로라도스프링스 출신 참가자들은 더 보수적으로 변했다. 집단 토론은 개개인의 생각을 더욱 극단적으로 변화시키는 결과를 초래했다. 즉 기후 변화와 소수 집단 우대 정책, 동성 간의 결합에 대한 집단 〈평결〉은 토론 이전에 각 집단의 구성원들이 보여 준 평균적인 생각보다 극단적이었다. 여기에 더해서 참가자 개개인이 토론 이후에 〈익명으로〉 밝힌 견해도 토론을 시작하기 전 그들이 익명으로 밝혔던 견해보다 훨씬 극단적으로 변해 있었다.

결과적으로 토론은 볼더와 콜로라도스프링스 시민들 사이의 생각 차이를 더욱 심화시켰다. 토론 이전에는 두 도시 사람들의 견해가 일치하는 부분도 많았으나, 토론 이후에는 일치하는 부분이 대폭 감소했다. 진보주의자와 보수주의자가 더욱 뚜렷이 나뉘었으며, 그들은 정치적으로 다른 세계를 살기 시작했다.

　2. 일반 시민들에게 개인적으로 특정한 위법 행위의 범법자가 어느 정도의 처벌을 받아야 한다고 판단하는지를 물었다.[2] 그들이 생각한 처벌 수위는 0점부터 8점을 기준으로 측정되었는데, 0점은 처벌이 필요하지 않음을 의미하고, 8점은 〈지극히 무거운〉 처벌을 의미한다. 개인적으로 생각하는 처벌 수위를 밝힌 다음에 사람들은 6명으로 구성된 배심원단으로 나뉘었고, 토론 후 만장일치로 평결을 내리도록 요구되었다.

　개개인이 가벼운 처벌을 지지하던 배심원단은 토론을 시작하기 전에 그들이 제시했던 평가의 중앙값보다 전체적으로 더 가벼운 처벌을 요구함으로써 〈관대한 변화〉를 보였다. 다시 말해, 배심원단은 토론 이전에 개인적으로 제시했던 평가의 중앙값보다 관대한 평결을 내렸다. 반면에 개개인이 강력한 처벌을 선호하던 배심원단은 전체적으로 〈엄격한 변화〉를 보였다. 즉 논의를 시작하기에 앞서 보통의 배심원들이 제시했던 평가의 중앙값보다 조직적으로 가중한 처벌을 요구했다.

　정리하면 배심원들의 평가는 논의 이후에 더 극단적으로 변화했다. 그리고 변화의 방향과 정도는 개개인이 제시하는 평가의 중앙값으로 결정되었다. 배심원 개개인이 관대한 평가로 시작한 경우의 배심원단 전체 평가는 더욱 관대해졌고, 배심원 개개인이 가혹한 평가로 시작한 경우의 배심원단 전체 평가는 더욱 엄격해졌다. 분노한 구성원들이 모이면 분노가 더욱 거세진다는 점에서 후자의 경우는 특히 주목할 필요가 있다.

3. 연방 항소 법원의 판사들이 3명으로 구성된 합의부에서 옆에 앉은 다른 판사의 영향을 받는지 알아보기 위해 미국에서 다수의 사법 투표 및 결정에 대한 조사가 진행되었다.[3] 일반적으로 판사들은 자신의 법적 견해에 따라 투표하고 수용 압력에 영향을 받지 않는다고 생각한다. 하지만 이런 생각은 잘못된 것으로 드러났다.

공화당에서 임명된 판사는 공화당 대통령이 임명한 2명의 판사와 함께 앉아 있을 때 시민권이나 성희롱, 환경 보호 등과 관련된 사건에서 전형적으로 보수적인 방향으로 투표할 가능성이 높아진다. 더욱 놀라운 사실은 민주당에서 임명된 판사라 하더라도 공화당에서 임명된 2명의 판사와 함께 앉아 있을 때 보수적인 방향으로 투표할 가능성이 매우 높다는 점이다. 그리고 3명의 판사가 모두 공화당에서 임명된 경우에는 주목할 만한 어떤 일이 일어난다. 전형적으로 보수적인 결과가 나올 가능성이 급증하는 것이다. 민주당에서 임명된 판사들도 비슷한 양상을 보인다. 즉 3명의 판사가 모두 민주당에서 임명된 경우에는 전형적으로 진보적인 성향이 두드러질 확률이 높다.

요컨대 민주당에서 임명된 판사나 공화당에서 임명된 판사가 어떻게 투표할지는 그들이 같은 당의 대통령이 임명한 1~2명의 판사와 함께 앉아 있는지에 따라 크게 좌우된다. 여기에는 명백한 동조 패턴이 존재한다. 즉 민주당에서 임명된 판사가 공화당에서 임명된 판사들과 함께 앉아 있으면 해당 판사는 대체로 공화당의 판사들처럼 투표하고, 공화당에서 임명된 판사가 민주당에서 임명된 판사들과 함께 앉아 있으면 해당 판사는 대체로 민주당의 판사들처럼 투표한다.

개개인의 관점에서 동조는 대개 이성적인 행동의 과정이지만, 우리 모두가 또는 대다수가 동조하고 천편일률적으로 사고할 때 사회는 큰 실수를 범할 수 있다. 우리가 동조하는 이유 중 하나는 우리가 자주 정보 — 건강이나 투자, 법률, 정치에 관한 — 가 부족할 때 어떻게 해야 할지와 관련해서 타인의 판단이 최선의 정보를 제공하기 때문이다. 그에 따른 가장 중요한 문제는 광범위한 동조가 대중에게서 그들이 마땅히 알아야 할 정보를 박탈한다는 것이다. 흔히 동조자들은 집단을 위해 침묵함으로써 사회의 이익을 보호하려 한다고 여겨지는 반면에, 반대자들은 자신의 일만 생각하는 이기적인 개인주의자들로 여겨지는 경향이 있다. 하지만 중요한 의미에서 그들의 반대는 더욱 진실에 가깝다. 많은 경우에 반대자들은 타인에게 혜택을 제공하는 데 반하여, 동조자들은 자신이 혜택을 누리기 때문이다.

제대로 작동하는 민주주의 국가의 제도는 동조자들에게 반대자들을 보고 배울 수 있는 기회를 보장하고, 그래서 더 많은 정보가 주어지며, 그 결과 모두에게 혜택이 돌아갈 가능성을 높임으로써 동조에 수반되는 위험을 줄인다. 제2차 세계 대전 중에 한 고위 관료는 연합군의 성공과 히틀러를 비롯한 추축국의 실패 원인으로 민주주의 시민들이 자유롭게 따지고 이의를 제기할 수 있었던 점과 군사 작전을 포함하여 과거에 제안된 행동 방침을 발전시킬 수 있었던 점을 꼽았다.[4] 꼬치꼬치 따지거나 이의를 제기하는 것이 가능했던 이유는 의심이 많은 사람들이 법적으로 처벌받지 않았기 때문이며, 동시에 사회적 압력이라는 형태의 비공식적인 처벌이 상대적으로 약했기 때문이다.

이러한 주장을 바탕으로 나는 집단 영향과 그로 인해 잠재적으로 유해한 결과에 대한 이해가 광범위한 문제들 — 잘 작동하는 헌법 구조의 특징, 극단주의, 권위주의의

부상(浮上), 권력 분립의 중요성, 이른바 〈반향실(反響室)〉 문제, 표현의 자유를 위한 전제 조건, 진보적인 정치 질서의 차별적인 특징, 현대 소셜 미디어의 장단점, 양원(兩院)주의의 기능, 사회 규범의 억제 효과, 민족적 적대감과 정치적 급진주의의 원천, 전시(戰時)나 사회적 공황, 마녀사냥 상황에서 시민 자유가 갖는 중요성, 배심원의 임무 수행, 다양성이 연방 사법 제도에 미치는 영향, 고등 교육에서의 소수 집단 우대 정책, 설령 집행되지 않더라도 단지 존재함으로써 법이 발휘할 수 있는 커다란 잠재적 영향력 등 — 에 대해서 새로운 시각을 제공한다고 주장할 예정이다.

전체적으로 나는 개인의 믿음과 행동에 영향을 미치는 두 가지 요소에 초점을 맞춘다. 첫 번째 요소는 다른 사람들의 행동과 진술을 통해서 전달되는 정보와 관련이 있다. 어떤 명제를 사실로 믿는 듯 보이는 사람들이 많은 경우에는 그 명제를 사실로 믿을 만한 실질적인 이유가 있을 것이다. 어떤 사건이나 도덕성, 법률에 관한 우리의 생각은 대부분 직접적인 지식의 산물이 아니라 다른 사람들이 보여 준 행동이나 생각을 통해서 배운다. 그 사람들도 단지 또 다른 군중을 따라가는 것일 수 있지만 현실이 그렇다. 그리고 이런 현실은 생활에서 심각한 문제가 될 수 있다. 예를 들어, 법적으로 이 같은 현상은 판례 체계에 심각한 문제를 초래할 수 있다. 항소 법원이 이전의 판례를 따랐을 뿐인 판례를 마찬가지로 그대로 따름으로써 광범위하고 저절로 반복되는 오류를 범할 수 있기 때문이다. 이런 문제는 그 자체로도 중요하지만 다양한 사회 현상에 대한 하나의 은유가 될 수 있다.

어떤 사람들은 그들의 결정이 더 많은 정보를 전달한다는 점에서 다른 사람보다 많은 영향력을 갖는 것도 사실이다. 이를테면 우리는 자신감이 넘치거나(〈자신감 휴리스틱〉), 특별한 전문 지식을 갖추었거나, 우리와 매우 닮았거나, 성공한 삶을 살거나, 그 밖에 우리가 신뢰할 모종의 이유를 가진 사람들을 특히 잘 따르는 경향이 있다. 〈우리와 매우 닮았다〉라는 문구가 중요하다. 그들은 좋든 나쁘든 우리에게 가장 큰 영향을 미치는 믿음을 가진 사람들이다.

개인의 믿음과 행동에 영향을 미치는 두 번째 요소는 타인에게 좋은 평가를 받고 유지하고자 하는 만연한 인간의 욕망이다. 어떤 사실을 믿는 듯 보이는 사람들이 많다면 적어도 공개적으로 그들에게 이의를 제기하지 않는 이유가 있을 것이다. 타인의 좋은 평가를 계속 유지하려는 욕망은 동조를 낳는 한편으로 반대 의견을 억누르는데,

이런 현상은 충성심이나 정에 기반한 유대감으로 연결된 집단에만 특별히 국한되지 않으며 그에 따른 결과로 학습을 방해하고, 거짓을 고착시키고, 교조주의를 강화하고, 집단의 성과를 저하할 수 있다. 백악관을 비롯한 정부의 최상층부에서 이런 일이 일어난다면 심각한 문제가 될 수 있다. 우리는 갈등과 의견 충돌을 원천 차단하는 소위 단합된 집단들이 정확히 동일한 이유로 종종 좋지 못한 성과를 내는 경우를 보게 될 것이다. 어쨌든 인간의 행동 중 상당 부분은 사회적 영향의 산물이다. 예를 들어, 피고용인들은 같은 직장의 다른 구성원들이 소송을 제기한 적이 있을 때 마찬가지로 소송을 제기할 확률이 매우 높다.[5] 다른 10대 소녀들이 아이를 갖는 모습을 본 10대 소녀들은 그들 자신도 임신할 가능성이 높다.[6] 다른 사람에게서 보고 배운 행동은 폭력 범죄의 수준에 큰 영향을 미친다.[7] 방송 출연자들은 서로를 모방하면서 방송을 통해 달리 설명이 불가능한 유행을 창조한다.[8] 하급 법원들은 고도로 기술적인 영역에서 때때로 동일한 판결을 반복하며, 그렇기 때문에 설령 사법적인 실수가 있더라도 수정하기 어려울 수 있다.[9]

우리는 사회적 영향을 안타까워하거나 그것이 사라지기를 바라지 말아야 한다. 사람들 대부분은 다른 사람의 행동을 면밀히 참고할 때 좀 더 나은 행동을 한다. 때때로 우리는 맹목적으로 다른 사람을 모방하고자 최선을 다하기도 한다. 하지만 사회적 영향은 집단 내에서 전체적인 정보의 수준을 저하시키고, 대부분은 개인과 기관을 잘못된 방향으로 유도할 수 있는 위험도 내포한다. 반대 의견은 중요한 구제 수단이 될 수 있다. 그런데도 많은 집단과 기관에서 반대 의견은 지극히 보기 드문 어떤 것이다.[10] 뒤에서 보게 되겠지만 대체로 동조자들이 무임승차하는 사람들이라면, 반대자들은 다른 사람에게 이득을 주는 사람들이다. 누군가는 무임승차 쪽이 더 끌릴 수도 있을 것이다. 하지만 사회적 압력은 비슷한 생각을 가진 사람들이 모인 집단을 극단적인 상태로 이끌기 쉽다. 어떤 집단이 증오나 폭력에 사로잡힐 때 경제적인 박탈[11]이나 원초적인 의심[12] 때문인 예는 그다지 많지 않다. 오히려 여기에서 논의되는 정보나 평판과 관련된 영향의 산물인 경우가 훨씬 많다.[13] 실제로 정당하지 않은 극단주의는 극단주의자들이 서로에게서 얻은 소량의 관련 증거에 대응하는 〈불구의 인식론〉에서 비롯되는 경우가 많다.[14]

비슷한 과정이 덜 극적인 형태로도 일어난다. 예컨대 입법 기관이나 행정 기관, 사법 기관 내에서 일어나는 대대적인 변화 중 상당수는 사회적 영향을 참고함으로써 가장 잘 설명된다. 입법 기관이 이전에 외면하던 어떤 문제에 갑자기 관심을 보인다면 — 불법 이민이나 기후 변화, 유해 폐기물 처리장, 기업의 불법 행위 등 — 그들의 관심은 그 문제에 실제로 관심이 생겼기 때문이 아니라 동조 효과의 산물인 경우가 많다. 새로운 관심은 물론 정당화될 수 있을 것이다. 하지만 사회적 영향이 사람들에게 자신이 가진 정보를 숨기도록 부추긴다면, 그래서 시각 장애인이 시각 장애인에게 길을 안내하는 식이 된다면 심각한 문제가 발생할 수 있다.

더욱 중요한 점은 상대적으로 작은 〈충격〉만으로도 비슷한 집단들이 사회적 압력에 이끌려 극적으로 다른 믿음과 행동을 보일 수 있다는 것이다. 실제로 여러 사회 집단의 의견이 서로 엇갈리거나 오랜 시간에 걸쳐 대대적인 변화가 일어날 때 우리가 일반적으로 생각하는 원인이 아닌 사소하고 때로는 이해하기 어려운 요인 때문인 예가 많다.[15] 운 좋게 발견한 어떤 것이 주요한 변화의 원인에 대한 최고의 설명이 되고, 문화나 역사의 흐름을 바탕으로 한 심오한 설명은 비록 위안은 주지만 사실상 틀리는 것이다.

정보적 영향을 제대로 파악하고 타인의 좋은 평가에 대한 사람들의 관심을 파악하는 것은 어떻게, 그리고 언제 법이 정식적인 법 집행 과정 없이도 — 법이 제공하는 신호만으로 — 사람들의 행동을 바꿀 수 있는지를 보여 주는 데 도움이 된다. 여기에서 핵심은 어떻게 행동해야 하는지는 물론이고, 대다수 사람은 어떻게 행동해야 한다고 생각하는지에 대해서 법이 신뢰할 만한 증거를 제공할 수 있다는 사실이다. 즉 둘 중 어느 경우에서든 법은 충분히 많은 관련 정보를 전달할 수 있다. 공공장소에서의 흡연이나 성희롱을 금지하는 법을 생각해 보자. 법이 대부분의 또는 모든 사람의 생각을 대변하고 있다고 생각되는 때에 잠재적인 위반자는 담배를 피우거나 성희롱에 가담하지 않을 가능성이 높다. 잠재적인 피해자들도 법을 위반하는 사람들에게 법적 책임을 상기시키고, 법을 준수하도록 요구함으로써 개인적으로 법을 집행하기 위한 행동을 취할 수 있을 것이다. 2017년과 2018년의 미투 운동은 많은 원인이 있었는데, 내가 여기에서 집중하는 몇 가지 현상과도 밀접한 관련이 있다. 성희롱을 금지하는 법이 미투 운동을 부추긴 현상도 그중 하나이다.

이런 관점에서 볼 때 우리는 법에 〈표현 기능〉이 존재한다는 논란이 많은 주장을 더욱 잘 이해할 수 있다.[16] 이른바 표현 기능 덕분에 법은 사회적 폭포 현상을 중단시키거나 가속화할 수 있다. 여기에서도 흡연과 성희롱 문제는 관련한다는 예를 보여 준다. 그리고 미투 운동은 하나의 폭포 현상으로 볼 수 있다. 하지만 잠재적인 위반자가 특정한 어떤 법에 반대하는 하위 공동체에 속해 있는 경우에 그들은 그 법이 갖는 표현적 효과에 저항하고자 할 것이다. 같은 처지의 반대자들이 하나로 뭉쳐서 관련 법을 위반하도록 서로를 부추길 수 있다. 실제로 정보적, 평판적 요인은 세법에 대한 불복이나 불법적인 약물 사용과 같은 광범위한 비(非)순응, 즉 불복종을 부추길 수 있다.[17] 법의 표현 기능은 법이 가지는 도덕적 권위에서 비롯되는 기능이며, 그와 같은 권위를 갖지 못하는 때에 하위 공동체 내에서 법이 주는 신호는 아무런 의미가 없거나 심지어 역효과를 낼 수 있다. 법은 〈하지 마!〉라고 말하지만, 누군가는 〈할 거야!〉라고 말할 것이다.

　이 책은 네 개의 장으로 나뉜다. 1장에서는 가장 중요하고 포괄적인 주제를 다룬다. 많은 상황에서 사람들이 그들의 개인적인 신호 — 무엇이 진실이고 옳은지에 대한 — 를 억압하고 있으며, 이런 억압이 사회에 중대한 해를 끼칠 수 있다는 것이다. 2장에서는 폭포 현상을 살펴본다. 폭포 현상으로 하나의 생각이나 관행이 한 사람에게서 다른 사람에게로 빠르게 확산되고, 잠재적으로 급진적인 변화로 이어질 수 있다. 3장에서는 집단 극화에 초점을 맞추어 비슷한 생각을 가진 사람들로 이루어진 집단이 어떻게, 왜, 어떤 상황에서 극단으로 가는지 살펴본다. 4장에서는 제도를 탐구한다.

나는 미국 헌법 제정자들의 주요한 기여가 숙의 민주주의*에 대한 지지와 인지적 다양성이 토론을 발전시킬 수 있는 긍정적인 장점을 갖는다는 그들의 주장에 있다고 역설한다. 인지적 다양성에 대한 이 같은 열의는 견제와 균형을 바탕으로 한 체계와 연방주의를 설명하는 데 도움을 준다. 나는 또한 연방 법원의 판사들에게 다양한 관점을 제공하고자 노력하는 것이 중요하다고 주장한다. 실제로 우리는 항소 법원의 합의부에 다른 정당 대통령이 임명한 판사들을 자주 포함시키는 것을 고려해 볼 필요가 있다. 연방 판사들의 다양성에 관한 분석은 그 자체로도 흥미로운 작업이다. 하지만 나는 연방 판사들의 다양성을 분석함으로써 인지적 다양성이 중요하고, 동조가 해로운 영향을 끼칠 수 있는 다양한 상황을 보여 주고자 한다. 인종적 다양성이 토론의 질을 높여 준다는 점에서 나는 인종적 다양성을 증진하고자 하는 대학들의 노력이 전적으로 합리적이라고 주장한다.

* 여러 사람이 모여 어떤 문제를 깊이 생각하고 의논하는 숙의가 의사 결정에 중심이 되는 민주주의 형식. 이하 모든 각주는 옮긴이의 주이다.

1장

동조는 어떻게 작동하는가

왜, 그리고 언제 사람들은 다른 사람의 행동을 따라 할까? 이 질문에 답하기 위해서는 우선 어려운 문제와 쉬운 문제를 구분해야 한다. 자신이 옳다고 확신할 때 사람들은 더 적극적으로 최선이라고 생각되는 행동을 하고, 대중의 의견을 거부하려 할 것이다. 이는 지극히 합리적인 추측이다. 그리고 몇몇 실험은 이런 추측이 사실임을 확인해 주는 동시에, 그로 인해 전개되는 몇 가지 중요한 변화를 제시한다. 가장 중요하게는 내가 앞으로 강조할 다음의 세 가지 사항을 암시한다.

　첫째, 확신과 확고한 의지가 있는 사람들은 특별한 영향력을 가지며, 다른 경우라면 동일한 생각을 가진 사람들을 완전히 다른 방향으로 이끌 수 있다.

　둘째, 인간은 다른 사람들이 만장일치로 합의한 의견

에 대단히 취약하고, 그래서 한 명의 반대자나 온전한 정신을 가진 사람의 목소리가 매우 큰 영향력을 발휘할 수 있다.

셋째, 우리가 불신하거나 싫어하는 집단에 속해 있는 듯 보이거나, 일종의 〈외집단〉*에 속해 있는 듯 보이는 사람들은 간단한 문제에서도 우리에게 영향을 줄 가능성이 매우 낮다.[1] 실제로 우리는 정반대로 말하거나 행동할 가능성이 높다(〈반사적 평가 절하〉). 반면에 그들이 우리가 속한 집단의 일원인 경우에는 쉬운 문제에 대해서든, 어려운 문제에 대해서든 우리에게 영향을 줄 가능성이 매우 높다. 정(情)에 의한 유대는 다른 사람의 말과 행동에 대한 우리의 대응 방식에 큰 영향을 미친다.

나의 궁극적인 목표는 이런 특징들이 물론 보통의 삶에도 많은 영향을 미치겠지만, 특히 정책과 법에 어떤 영향을 미치는지 알아보는 것이다. 그러면 몇 건의 고전적인 연구를 검토하는 것으로 시작해 보자.

어려운 문제

1930년대에 심리학자 무자퍼 셰리프Muzafer Sherif는 감각 지각에 관한 간단한 실험을 진행했다.[2] 피실험자들

* 자신과 공통점이 없는 타인들로 이루어진 집단.

이 칠흑같이 어두운 방에 배치되었고, 그들 정면에는 어느 정도 거리를 두고 작은 불빛이 위치해 있었다. 불빛은 실제로는 정지해 있었지만 지각적 착각 때문에 마치 움직이는 것처럼 보였다. 실험을 진행할 때마다 셰리프는 사람들에게 빛이 얼마나 이동한 것처럼 보이는지 물었다. 개별적으로 조사했을 때 피실험자들의 대답은 사람마다, 실험마다 달랐다. 이와 같은 결과는 전혀 놀랍지 않다. 애초에 불빛이 움직이지 않았다는 점에서 그들이 제시한 의견들은 하나같이 근거 없는 추측에 불과했기 때문이다.

하지만 피실험자들에게 소집단별로 행동하도록 요구했을 때 셰리프는 놀라운 결과를 목격했다. 개개인의 의견이 하나로 모이면서 정확한 이동 거리를 규정하는 집단 규범이 빠르게 만들어졌기 때문이다. 실제로 이 집단 규범은 실험이 진행되는 내내 각각의 집단 내에서 안정적으로 유지되었고, 서로 다른 집단들이 지극히 다른 주장을 펼치는 가운데 각자의 주장을 고수하는 상황으로 이어졌다.[3] 바로 여기에 어째서 서로 유사한 집단들이 또는 사실상 비슷한 국가들이 오로지 출발점의 아주 사소하고 임의적인 차이 때문에 지극히 다른 믿음과 행동을 취할 수 있는지에 대한 중요한 단서가 있다. 우리는 소셜 미디어와 어떤 면에서는 인터넷 전체를 현대판 셰리프의 실험처럼 생각할 수 있다. 그 안에서 개인적으로는 출발점이 근본적으로 다른 견해를 가졌음에도 사람들은 집단 규범을 중심으로 모이고, 그렇게 만들어진 집단 규범은 시간이 지나면서 굳어진다. 그 결과 서로 다른 집단들은 그것이 이민 문제이든, 성희롱 문제이든, 아니면 중동 문제이든, 무역이나 인권 문제이든 상관없이 결국에는 서로의 인식 차이만 확인하는 것으로 끝날 수 있다.

셰리프가 한 명의 공모자를 실험에 포함시키자 — 공모자의 존재에 대해서는 셰리프 본인만 알았고 피실험자들은 알지 못했다 — 또 다른 일이 일어났다.[4] 공모자는 개별적인 피실험자들이 추정하는 것보다 훨씬 높거나 낮은 수치를 제시했으며, 공모자의 평가는 큰 영향력을 발휘했다. 요컨대 집단 내에서 공모자가 제시한 수치에 가깝도록 더 높거나 낮은 평가를 이끌어 내는 데 기여했다. 이 같은 사실이 주는 교훈은 적어도 사실을 다루는 어려운 문제와 관련된 경우에 사람들의 생각이 〈강압적인 권력을 가진 것도 아니고 딱히 자신의 전문성을 내세우는 것도 아니지만, 다른 사람들의 불확실성에도 불구하고 일관되고 흔들리지 않는 의지를 가진 한 개인으로 좌우될 수 있다〉라는 점이다.[5]

더욱 놀라운 사실은 그렇게 도출된 집단 결론이 구성

원들에게 완전히 〈내면화〉되었고, 그 결과 피실험자들은 1년이 지난 뒤에도, 그리고 새로 들어간 집단의 구성원들이 다른 견해를 제시할 때조차 자신의 견해를 이야기할 때 이전 집단에서 내면화된 결론을 고수했다는 점이다. 여기에 더해서 처음에 내면화된 판단은 심지어 〈여러 세대〉에 걸쳐 영향을 미치는 것으로 밝혀졌다. 즉 새로운 피실험자들이 유입되고 기존의 피실험자들이 소위 은퇴하면서 궁극적으로 모든 참가자가 새로운 사람들로 교체된 실험에서도 원래의 집단이 도출했던 판단은 그대로 유지되는 경향을 보였다. 또한 처음에 그와 같은 판단을 도출하는 데 결정적인 역할을 했던 사람이 떠나고 오랜 시간이 흐른 뒤에도 상황은 바뀌지 않았다.[6] 이 작은 실험은 문화적 신념과 관행의 형성과 수명에 대하여 두 가지 교훈을 제공한다. 그런 신념이나 관행이 단 한 명의 개인이나 하나의 작은 집단에 의한 산물일 수 있으며, 오랜 시간에 걸쳐 지속되면서 본질적인 의미를 규정하는 어떤 것이 될수 있다는 것이다.

이런 결과를 어떻게 설명할 수 있을까? 가장 확실한 답은 다른 사람의 판단으로 생성되는 정보적 영향을 가리킨다. 명백한 듯 보였던 빛의 움직임은 결국 지각 착각에 불과했고, 그런 움직임에 대해 우리의 지각 체계는 이동 거리를 판단하기가 쉽지 않다. 그런 상황에서 사람들은 자신감이 넘치고 일관성이 있는 구성원에 따라 흔들릴 가능성이 특히 높다. 이동 거리를 명확히 알고 있는 것처럼 보이는 사람이 있는데 굳이 그 사람을 믿지 않을 이유가 있을까? 사람들은 자신 있게 표출하는 견해를 더 나은 정보라고 생각해서 자신 있게 견해를 피력하는 사람을 따를 가능성이 높다는, 이른바 〈자신감 휴리스틱〉*에 대해서는 이미 상당한 이론적, 경험적 연구가 존재한다.[7] 셰리프의 연구 결과는 실험실을 벗어나서 교실과 직장, 법원, 관료 사회와 입법부에도 영향을 미친다. 정보가 부족한 사람들은 이민이나 기후 변화가 심각한 문제인지 또는 식수의 비소 수치가 우려할 만한 수준인지를 판단하고자 할 때 자신감 있고 일관된 주장을 펼치는 다른 사람들의 견해에 동조하기 쉬울 것이다.[8]

사실을 다루는 문제에서 적용되는 것은 도덕적, 정치적, 법적 문제에서도 마찬가지로 적용된다. 일단의 국회 의원들이 고도로 기술적인 문제를 어떻게 처리할지를 결정하려 한다고 가정해 보자. 그들 사이에 상당한 자신감

* Heuristic. 의사 결정 과정을 단순화하여 만든 지침. 완벽한 의사 결정을 하려는 것이 아니라 이용 가능한 정보를 활용하여 실현 가능한 결정을 하려는 것이 목적이다.

을 보이는 〈공모자〉가 심어져 있다면, 그는 다른 국회의원들을 자신이 원하는 방향으로 움직일 가능성이 매우 높다. 설령 그 사람이 공모자가 아니라 당면한 문제와 관련해서 단순히 많은 자신감을 가진 친구이거나, 이웃이거나, 동료이거나, 상사이거나, 의원이라도 마찬가지이다. 자신이 확실히 알지 못하는 복잡한 문제를 해결해야 하는 공무원들이나 법관들도 동조 효과에 취약하다. 3명으로 구성된 법원 합의부에도 개중 한 명의 판사가 전문적인 기술과 관련된 문제들에서 유독 자신감 넘치고 전문가처럼 보인다면 셰리프가 발견한 것과 같은 유형의 효과를 예상할 수 있다. 문제는 소위 전문가들도 자신의 편견이나 문제 때문에 큰 오류를 범할 수 있다는 사실이다. 하지만 이런 주장에는 한 가지 중요한 유보 조건이 존재하는데, 이 부분에 대해서는 나중에 다시 이야기할 예정이다. 피실험자들이 보기에 실험자의 공모자가 다른 사회적 집단에 속해 있음을 명백히 알 수 있는 경우에 셰리프가 발견한 것과 같은 동조 현상은 크게 감소한다.[9] 자신감 넘치는 그 사람이 자신과 다른 집단 — 자신이 불신하거나 싫어하는 집단 — 에 속해 있다는 사실을 알게 된다면 사람들은 어떠한 영향도 받지 않을 것이다.

쉬운 문제

그렇다면 지각 작용이 신뢰할 수 있는 안내자 역할을 제공하는 경우에는 어떨까? 사람들이 올바른 답을 찾을 수 있을 정도로 충분한 분별력을 가지고 있는 경우에는 어떨까? 솔로몬 아시Solomon Asch는 그의 유명한 실험을 통해 사람들이 스스로 느끼기에 명백한 듯 보이는 증거를 과연 무시하고자 할 것인지 조사했다.[10] 해당 실험에서 피실험자들은 마찬가지로 실험에 참가한 피실험자들처럼 보이지만 사실은 아시의 공모자들인 7명에서 9명으로 이루어진 소집단에 배치되었다. 그들에게 주어진 임무는 간단했다. 큰 흰색 카드에 표시된 특정한 길이의 기준선을 바탕으로 세 개의 〈비교선〉 중에서 길이가 같은 선을 찾아내는 것이었다. 일치하지 않는 다른 두 개의 비교선은 크게는 4.5센티미터부터 작게는 2센티미터까지 상당한 차이가 있었다.

처음 두 번의 실험에서는 구성원들이 모두 정답에 동의한다. 〈쉽게 구별된다. 모든 사람이 한결같이 동일한 판단을 내린다.〉[11] 하지만 〈이 같은 조화는 세 번째 실험에서 갑자기 좌초된다〉.[12] 같은 소집단의 다른 모든 구성원이 문제의 기준선이 현저히 길거나 짧은 비교선과 일치한다고 주장하면서 피실험자나 다른 이성적인 사람이 보기에 명백한 오류를 범하는 까닭이다. 이런 상황에서 피실험자들은 대부분 다른 사람들의 명백한 오류에 처음에는 혼란과 불신을 드러내며 둘 중 하나를 선택할 수 있다. 자신만의 독립적인 견해를 고수하거나 다수의 일치된 의견을 받아들이는 것이다. 당신이라면 어떻게 하겠는가? 아시의 실험에서는 많은 피실험자가 여러 번의 실험 중 적어도 한 번은 자신의 의견을 굽힌 것으로 나타났다. 그들은 자신이 감지한 증거를 무시한 채 다른 사람들에게 동조했다.

본인 스스로 판단하라는 요청을 받았을 때 당시의 피실험자들이 기록한 오답률은 1퍼센트가 되지 않았다. 반면에 집단이 잘못된 답을 지지하며 압박을 가한 실험에서 피실험자들은 36.8퍼센트의 오답률을 보여 주었다.[13] 실제로 일련의 열두 가지 질문에 답하는 과정에서 70퍼센트 이상의 피실험자들이 집단에 동조했고, 그들은 자신의 감각이 이야기하는 증거를 적어도 한 번 이상씩 무시했다.[14] 물론 이와 같은 결과를 과장하지는 말아야 한다. 여전히 대다수 사람은 대부분 그들이 실제로 생각하는 대로 말하기 때문이다. 그렇지만 집단의 생각이 틀렸음을 암시하는 명백한 근거가 존재하는 상황에서도 많은 사람이 때로는 기꺼이 자신의 생각을 굽히고자 한다는 사실을 보여 준다는 점에서 아시의 실험은 매우 주목할 만하다.

이런 종류의 동조 실험들은 콩고 민주 공화국과 독일, 프랑스, 일본, 레바논, 쿠웨이트 등을 포함한 17개의 나라에서 130건이 넘는 연구 결과를 도출했다.[15] 그리고 이들 연구에 대한 메타 분석은 아시의 기본적인 연구 결과를 보완하는 중대한 문화적 차이를 비롯한 다양한 추가적인 사실을 밝혀냈지만, 그의 기본적인 결론은 여전히 유효하다고 말할 수 있다. 전체 연구 결과를 통틀어 평균 오답률은 29퍼센트이다.[16] 〈동조〉 문화가 존재하는 몇몇 나라의 국민들은 〈개인주의〉 문화를 가진 나라의 국민들보다 높은 오답률을 보인다.[17] 이런 차이에도 불구하고 전체적인 오류 양상 — 20퍼센트에서 40퍼센트 사이를 오가는 피실험자들의 동조율 — 은 여러 나라에 실재하는 동조의 힘을 보여 준다.

아시의 연구 결과가 두 가지 상반되는 사실을 포함한다는 점에 주목하자. 첫째는 상당수의 사람이 항상 또는 많은 경우에 독립적이라는 사실이다. 아시의 실험에서 약 25퍼센트의 사람들은 한결같이 독립적인 태도를 유지했으며[18] 집단 영향을 받지 않았다. 여기에 더해서 전체 피실험자 중 약 3분의 2는 그들이 속한 집단과 다른 답을 내놓았다. 이와 같은 사실은 집단 영향에 대한 민감성에 〈개인마다 극단적인 차이가 있음을 암시하는 증거〉이다. 같은 이유로 어떤 사람들은 완전한 독립성을 유지하는 반면에, 어떤 사람들은 〈예외 없이 다수를 따라 간다〉.[19] 독립적인 피실험자들이 〈흔들림 없는 모습〉으로 〈관찰자에게 놀라운 구경거리를 선사한다면〉[20] 그렇지 않은 피실험자들은 극심한 불안과 혼란을 보여 준다.[21] 둘째는 피실험자 대부분이 적어도 어느 시점에 이르러서는 〈자신이 직접적이고 명확한 증거를 가진 명백히 쉬운 문제에 대해서조차〉 기꺼이 집단에 굴복하고자 한다는 사실이다.

현재 목적과 가장 관련이 있는 것은 후자이다. 후자는 우리가 무언가를 매우 명백하게 알 때조차 우리 중 상당수가 또는 대부분이 〈모든 사람이 다르게 생각한다면 우리가 그들을 따라야 한다〉라고 말할 수 있음을 암시한다. 바로 여기에 왜 사람들이 ─ 과학이나 정치, 다른 종교나 민족, 인종 집단 등과 관련해서 ─ 어리석거나 끔찍한 어떤 것에 때때로 동조하는 듯 보이는지에 대한 중요한 교훈이 있다. 왜 서로 다른 집단들이 사실을 다루는 문제에서도 때때로 완전히 다른 방향으로 나아갈 수 있는지에 대한 교훈도 존재한다. 어쩌면 그들은 아시의 공모자들과 같은 역할을 하는 사람들과 상호 작용을 하고 있을 터이다.

이유와 실수

사람들은 왜 그들의 감각이 이야기하는 증거를 때때로 무시할까? 두 가지 주된 이유는 각각 정보와 또래 압력과 관련 있다. 아시의 피실험자 중 일부는 한목소리를 내는 공모자들이 분명히 옳을 거라고 생각한 듯 보인다. 하지만 일부 피실험자들은 다른 구성원들이 완전히 틀렸다고 생각했음에도 이를 공개적으로 말하기를 꺼렸다. 대신에 스스로를 속이면서 사실이 아니라고 생각하는 어떤 것을 말했다.

아시의 연구에서 몇몇 동조자는 개별 면담에서 자신들이 원래 가졌던 생각은 틀렸을 거라고 이야기했다.[22] 이러한 주장은 그들을 움직인 것이 또래 압력이 아닌 정보임을 암시한다.[23] 이 같은 정보 중심의 설명은 사람들이 익명으로 그들의 답을 기록했음에도 아시의 실험에서 나타난 것과 거의 비슷한 높은 오답률을 보인 실험으로 더욱 강화된다.[24] 여기에 더해서 한 유사 연구에 따르면 피실험자의 답변이 다른 다수의 피실험자에게 공개되지 않는 때에도 동조 현상은 비교적 높게 나타난다.[25]

하지만 앞에서와 같은 결과는 단지 이례적인 예에 해당하며, 일반적으로 실험자는 아시의 실험처럼 피실험자에게 전적으로 개인적인 답변을 요구하는 기본 환경에서는 오류가 상당히 감소한다는 사실을 발견할 수 있다.[26] 그리고 이런 사실은 사람들이 진심으로 자신의 판단이 틀렸다고 생각하지는 않았다는 것을 암시한다. 요컨대 그들은 다른 사람들 앞에서 바보처럼 보이지 않으려고 했을 뿐이다. 또한 동조나 이탈이 매우 가시적으로 드러나는 실험에서 동조 현상은 더욱 증가한다.[27] 이런 사실은 또래 압력이 매우 중요하다는 것을 암시하며 아시의 실험 결과를 이해하는 데도 유용하다.

아시의 결론은 자신의 실험 결과가 〈동조 현상이 우세할수록 사회적 과정이 오염될〉 가능성을 제기한다는 것이었다.[28] 그는 다음과 같이 덧붙였다. 〈우리는 사회가 동조를 강요하는 경향이 너무 강하고, 그래서 상당한 지적 능력과 선의를 가진 젊은이들이 흰 것을 검다고 기꺼이 이야기하고자 한다는 사실을 발견했으며, 이는 매우 심각한 문제이다.〉[29] 앞서 언급했듯이 아시의 실험은 세계 여러 나라에서 대체로 유사한 결과를 얻었고, 그런 점에서 방금 인용한 아시의 말 가운데 〈사회〉라는 단어는 〈세계〉라는 단어로 대체될 수 있을 것이다.

여기에서 우리는 또 다른 중요한 사실에 주목해야 한다. 개별적인 구성원들이 가진 정보나 생각을 아는 것이 집단의 이익에 도움이 됨에도 불구하고 많은 사람이 자신의 정보를 집단에 공개하지 않으려고 한다는 사실이다. 이해를 돕기 위해서 거의 모든 구성원이 실제로는 사실이 아님에도 어떤 것을 사실로 믿고 있는 한 집단을 상상해 보자. 그들이 해당 집단의 지배적인 견해를 바로잡을 가능성이 있을까? 아시의 연구 결과를 일반화하자면 대답은 아마도 〈아니오〉일 것이다. 그들이 분별 없는 사람들이라서 과묵한 것이 아니다. 그들은 지배적인 견해가 자신의 생각과 다른 간단한 현실 — 소수의 생각이 틀렸다고 암시하거나, 자신이 옳다고 고집할 경우에 평판이 위태로워질 수 있다고 암시하는 현실 — 에 직면해서 완벽하게 합리적인 대응을 하고 있는 셈이다. 차차 알게 되겠지만, 아시의 연구 결과는 많은 집단이 때때로 불행하거나 심지어 자기 파괴적인 결정을 내리는 이유를 이해하는 데 도움을 준다.

아시가 처음 연구를 수행한 이래로 수십 년 동안 당연하지만 상당한 진전이 있었다. 가장 흥미로운 몇몇 연구는 순응과 수용 사이에 명확한 구분을 두고 있다.[30] 〈순응〉은 자신이 틀렸다고 생각하는 사람의 의견에 따르는 행위를 가리킨다. 이 경우에 사람들은 공개적으로는 그 사람의 의견을 따르지만, 개인적으로는 따르지 않을 것이다. 한편 〈수용〉은 집단의 견해를 자신의 것으로 내면화하는 것을 가리킨다. 우리가 앞에서 살펴보았듯이 아시의 연구 결과는 일정 수준의 순응 및 수용과 모두 관련이 있다. 최근의 경험적 연구도 다수파의 규모가 커질수록 순응이 증가한다는 추가적인 연구 결과와 함께 순응과 수용의 증거를 보여 준다.[31]

이론적인 동시에 경험적인 연구는 또한 동조가 사람들의 믿음을 바꿈으로써 작동하는지, 아니면 그들의 기호와 취향을 바꿈으로써 작동하는지 탐구했고 이후 기존의 연구가 너무 전자에 집중해 왔음을 알아냈다.[32] 높은 수준의 동조를 보이고, 그 결과 일시적인 유행으로 발전하는 행동 유형을 조명하기 위한 주목할 만한 연구도 있었다.[33] 우리는 동조 가능성이 높은 사람들의 유형과[34] 아시의 그것과 같은 환경에서 동조를 부추기거나 억제하는 상황에 대해서도 더 많은 것을 알게 되었다. 이를테면 사람들은 그들이 거리낌 없이 행동했던 상황을 떠올릴 때에 동조 가능성이 더 높다.[35] 일반적으로, 그리고 여기에서의 내 주장에는 중요하지 않은 기준에서도 아시의 주된 연구 결과는 그동안 지지를 받아 왔다.

이런 연구 결과가 도덕이나 정책, 법에 대한 판단에도 적용될 수 있을까? 자신이 매우 확고한 견해를 가진 도덕적이거나 정치적인 또는 법적인 문제와 관련된 경우에,

어떤 집단이 만장일치로 의견을 모았다고 해서 사람들이 양보할 거라고 생각하는 것은 그다지 현실적이지 않은 듯 보인다. 그런데도 아시의 주장이 옳다면 적어도 가끔은 양보를 기대할 수 있어야 한다. 우리는 미국의 항소 법원 내에서 실제로 그와 같은 일이 일어나고 있음을 보여 주는 강력한 증거를 발견할 수 있다. 존 스튜어트 밀John Stuart Mill은 여론의 치명적인 효과에 지대한 관심을 가지고 있었다. 그는 〈판사의 횡포〉를 막기 위한 보호 장치가 〈충분하지 않으며〉, 〈지배적인 여론과 감정의 횡포를, 즉 다른 의견을 가진 사람들에게 민사 처벌이 아닌 다른 수단을 통해 행동 규칙으로써 그 사회의 사상과 관행을 강제하려는 사회 풍조를 막는 것〉 역시 중요하다고 주장했다.[36]

여기에서 밀은 횡포를 겪는 각각의 개인뿐 아니라 사회 자체에도, 예컨대 중요한 정보를 얻을 기회를 박탈함으로써 동조가 미치는 악영향에 집중한다. 나는 이것이 밀의 평생에 걸친 사랑이, 이른바 불법적인 만남으로 시작되었다는 사실과 무관하지 않다고 생각한다. (밀의 연인이자 나중에 그의 아내가 되는 해리엇 테일러Harriet Taylor는 그를 만나기 시작했을 당시에 유부녀였다.) 테일러와 밀의 교제는 그들이 속한 집단 내에서 많은 비난을 불러일으켰고, 그로 하여금 가족과의 인연도 끊게 만들었다. 밀은 그의 글에서 사회적 전통으로부터 벗어난 〈삶의 실험〉을 찬양했다. 동조를 향한 그의 공격은 전면적이었으며, 〈지배적인 여론과 감정의 횡포〉로부터 벗어나 자신의 생각에 따르는 것이 중요하다고 강조했다. 밀은 자신이 한 말을 정말로 실천했다. 그의 〈삶의 실험〉은 자유의 역사에서 강조될 가치가 있다.

동조를 늘리거나 줄이는 방법

동조 현상을 늘리거나 줄이는 요소는 무엇일까? 셰리프의 연구 결과에 따르면 사람들은 높은 지위에 있거나 자신의 생각에 확신을 가졌을 때 동조할 가능성이 상대적으로 낮다.[37] 반면에 주어진 임무가 너무 어렵거나 겁에 질려 있을 때는 동조할 가능성이 비교적 높다.[38] 사람들의 동조 가능성을 높이거나 낮추기 위한 방법을 살펴보자.

금전적 보상

정답에 대한 금전적 보상은 두 가지 다른 방식으로 성과에 영향을 미친다.[39] 아시의 실험과 기본적으로 동일한 환경에서 정답을 맞춤으로써 돈을 받고자 하는 사람들에게 쉬운 문제가 제시되는 경우에 동조율은 현저히 〈감소〉한다. 즉 정답을 맞추어서 이득을 취하고자 할 때 사람들은 상대적으로 집단 구성원들의 의견을 따르려고 하지 않는다. 우리는 왜 그런지 알 수 있다. 정답이 무엇인지 알고 있다면, 그리고 정답을 이야기함으로써 돈을 받게 된다면 주변 사람들이 설령 실수를 하고 있더라도 당신은 아마도 정답을 말하고자 할 것이다.

하지만 실험 조건에 변화를 주어 잠재적인 임무를 어렵게 만들면 놀라운 변화가 나타난다. 그와 같은 경우에 정답자에게 보상을 제공하는 금전적인 동기는 사실상 동조를 부추긴다. 즉 정답을 맞춤으로써 이득을 취하고자 하지만 문제가 어려울 때에 사람들은 더 적극적으로 다수의 의견을 따르려고 한다. 어쩌면 가장 놀라운 사실은 금전적인 동기가 없는 경우에는 문제가 어려울 때와 쉬울 때의 동조율이 거의 비슷하게 나타난다는 것이다. 반면에 금전적인 보상의 도입은 쉬운 문제에서는 동조율을 크게 낮추고, 어려운 문제에서는 동조율을 크게 높임으로써 각각의 임무에 대한 결과에서 극적인 차이를 만들어 낸다.[40]

이러한 결과에 대한 설명은 간단하다. 아시의 실험에서 특정 수의 사람들은 사실상 정답을 알지만, 단지 여러 사람의 공통된 의견에 공개적으로 반대할 가치가 없기 때문에 자신과 다른 이들의 의견에 동조한다. 하지만 금전적인 보상이 제공되면 물질적인 이득 가능성이 또래 압력을 능가한다. 즉 경제적인 보상이 사회적인 압력을 상쇄할 수 있다는 뜻이다. 바로 여기에 학교나 민간 사업체, 정부 기관 등 모든 종류의 집단에 유효한 하나의 교훈이 있다. 자신이 아는 것을 이야기함으로써 무언가를 얻게 될 거라는 사실을 구성원들이 알게 된다면 그 집단은 매우 중요한 정보를 얻을 가능성이 높아진다는 것이다.

반면에 어려운 임무는 사람들에게 옳고 그름에 대한 많은 불확실성을 남긴다. 이런 상황에서는 자신보다 다른 사람들의 의견에 무게를 둘 가능성이 매우 높다. 다른 특별한 이유가 있는 것은 아니다. 단순히 그들이 어쩌면 가장 신뢰할 만한 정보 제공자일 수 있기 때문이다. 어려운 수학 문제를 풀거나, 고속도로 사망률을 낮추기 위한 가장 적절한 방법에 대해 이야기할 경우에 당신은 아마도 대다수가 동의하는 의견을 따르고자 할 것이다. 같은 맥락에서 자신의 판단에 대한 사람들의 자신감이 실험자의 공모자들에게서 보이는 자신감과 직접적인 연관이 있다는 유사 연구 결과를 살펴볼 필요가 있다.[41] 공모자들이 자신감과 열정에 찬 행동을 보이면 피실험자들도 심지어 단순히 대중의 견해를 따르고 있을 때조차 자신의 판단에 대해서 강한 자신감을 내비친다. 다른 대다수 사람을 모방하는 방식이 다양한 환경에서 인간을 비롯한 많은 생물에게 효과적으로 작동하는 일종의 〈빠르고 간소한〉 휴리스틱으로 작용할 수 있다는 광범위한 주장도 살펴볼 필요가 있다.[42] 어떻게 해야 할지 잘 모를 때 대부분의 사람은 아마도 다른 사람의 행동을 따라 할 것이다. 그리고 대부분의 휴리스틱과 마찬가지로 모방 휴리스틱은 대체로 현명하고 때로는 최선의 접근법이 될 수도 있지만, 많은 경우에 오류를 유발할 수 있다.[43]

이런 연구 결과들은 한 가지 불편한 암시를 내포한다. 〈다수의 합의〉가 〈때로는 사람들을 부정확하거나, 불합리하거나, 부당한 판단으로 이끌 수 있다〉라는 사실이다. 또한 이런 합의는 〈판단에 대한 강한 확신을 불러올 수 있다〉.[44] 결과적으로 〈판단하기가 어렵거나 모호하고 영향력을 가진 주체들이 단결하고 확신을 갖는 한, 정확성을 강조하는 특징은 동조와 확신 — 위험한 조합 — 을 촉진할 것이다〉.[45] 앞으로 보게 되겠지만, 이 같은 특징은 대항할 수 있는 정보가 부족한 상황에서 정당하지 못한 극단주의의 근원과 밀접하게 맞닿아 있다. 이를테면 극단주의자들은 대개 서로를 추종한다.

집단의 규모

아시의 초기 연구에 따르면 만장일치로 잘못된 결론을 이끌어 내는 데 유효한 공모자 집단의 규모는 3명까지였다. 3명을 넘어가면 공모자를 더 늘려도 그에 비례한 효과가 나타나지 않았다.[46] 한 명의 공모자를 투입했을 때는 피실험자들의 오류가 전혀 늘어나지 않았다. 2명의 공모자를 동원했을 때는 피실험자들의 오류가 13.6퍼센트 증가했다. 3명의 공모자를 동원했을 때는 피실험자들의 오류가 31.8퍼센트 증가했으며, 이후로는 공모자 집단의 규모를 늘려도 대체로 비슷한 수치를 보였다.

그런데 이 부분과 관련해서는 아시의 연구가 이례적인 듯하다. 왜냐하면 이후의 연구에서는 아시의 연구 결과와 반대로 일반적으로 공모자 집단의 규모가 증가할수록 동조 현상이 증가하는 것으로 나타났기 때문이다.[47]

온전한 분별력을 가진 사람의 목소리

중요한 것은 실험 환경의 작은 변화가 그 모든 차이를 만든다는 점이다. 최소한 한 명 이상의 동료나 또는 온전한 분별력을 가진 사람의 목소리는 동조와 오류를 모두 극적으로 감소시킨다. 예를 들어, 한 명의 공모자가 정확한 판단을 했을 때 절대다수가 다른 이야기를 했음에도 오류는

4분의 3으로 감소했다.[48] 이 같은 결과가 암시하는 바는 명료하다. 집단이 불행한 행동을 시작할 때 단 한 명의 반대자가 원래라면 다수의 군중을 따르고자 했을 동요하는 구성원들을 독려해서 그들의 행동을 바꿀 수 있다는 사실이다.

바꾸어 말하면, 단 한 명의 반대자도 용납하지 않는 구성원 간의 감정적인 유대는 집단이나 기관의 성과를 저해할 수 있다. 일례로 투자 클럽들 — 돈을 출자한 사람들이 공동으로 주식 투자와 관련된 결정을 내리기 위해 만든 소규모 집단들 — 의 성과를 분석한 브룩 해링턴 Brooke Harrington의 놀라운 연구를 살펴보자.[49] 최악의 성과를 기록한 클럽은 감정적인 유대를 바탕으로 조직되었고 사교적인 성격이 짙었다. 반면에 최고의 성과를 기록한 클럽은 사회적인 관계보다 수익을 늘리는 데 초점을 맞추었다. 높은 실적을 보인 클럽에서는 반대 의견이 훨씬 빈번하게 제기되었다. 낮은 실적을 기록한 클럽에서는 표결 결과가 거의 만장일치로 나타났고 공개적인 토론 과정도 없었다. 해링턴이 알아낸 바에 따르면, 낮은 성과를 보인 집단의 구성원들은 〈금전적인 관점에서 최고의 선택을 하기보다 사회적인 유대를 구축하기 위해 그들의 표를 행사했다〉.[50] 즉 동조 현상이 매우 낮은 수익률을 초래한 것이다.

피실험자들이 공모자들과의 관계를 어떻게 규정하는지에 따라서, 특히 피실험자들이 공모자들과 같은 집단에 속해 있다고 생각하는지에 따라서 많은 것이 달라진다. 피실험자들이 스스로를 주류가 아닌 집단의 구성원으로 인식하는 경우에 동조 효과는 크게 감소한다.[51] 사람들은 자신이 좋아하거나 존경하는 사람들과 한 집단을 이루고 있을 때 또는 자신과 연결되어 있다고 느끼는 누군가에게 동조할 가능성이 특히 높다.[52] 특정 관점 — 보수주의자나 진보주의자, 천주교도나 유대인, 사회주의자, 민주당원이나 공화당원 등 — 의 영향을 늘리거나 줄이려는 사람들이 자주 소속감을 강조하는 것도 같은 이치이다. 지지자들은 〈보수적〉이거나 〈진보적〉임을 밝힘으로써 특정 집단에게 신뢰를 잃을 수 있으며, 그들의 주장도 쉽게 외면당할 수 있다. 이른바 〈반사적 평가 절하〉 현상인데, 단순히 출처가 누구라는 이유만으로 어떤 사람의 주장이나 입장을 평가 절하하는 경향을 가리킨다.

이처럼 자신이 실험자의 공모자들을 포함하는 합리적으로 분리된 집단(이를테면 전부 심리학 전공자들로 구성된)에 속해 있다고 여길 때, 공개 진술에서 피실험자들의 동조 현상 — 잠재적인 오류 — 은 극적으로 증가한다.[53] 반대로 자신이 실험자의 공모자들과 다른 집단(이를테면 전부 고대사 전공자들로 구성된)에 속해 있다고 여길 때, 공개 진술에서 피실험자들의 동조 현상은 극적으로 감소하고 그에 따라 오류도 감소한다.[54]

주목할 점은 피실험자들이 실험에 참여한 다른 사람들과 같은 집단에 속해 있다고 인지했는지와 상관없이 나중에 익명으로 밝힌 개인적인 의견들은 거의 동일했다는 사실이다. 여기에 더해서 실험자의 공모자들과 같은 집단에 속해 있다고 느낀 사람들은 개인적으로 이야기할 때 더 정확하고 덜 동조적인 답변을 내놓았다.[55] 현실 세계에서 잠재적인 반대자들은 일치된 생각을 가진 사람들과 같은 집단에 속해 있을 때 침묵하는 경향을 보인다. 다른 사람들로부터 비난받을 위험을 감수하고 싶지 않기 때문이기도 하고, 그들의 반대가 소속 집단의 유효성이나 명성을 약화시키는 것을 바라지 않기 때문이기도 하다.

여기에는 중요한 교훈이 있다. 다수의 견해에 동의를 표하는 공개적인 진술은, 특히 본인이 다수와 동일한 집단에 속해 있다고 생각하는 경우에 오류일 수 있는 동시에 본심이 아닐 수 있다는 사실이다.[56] 높은 동조율은 감정적인 유대로 연결된 구성원들의 집단이 보여 주는 저조한 성과와 관련 있다. 즉 그런 집단에 속한 사람들은 자신이 아는 것을 이야기할 가능성은 낮지만, 반대 의견을 묵살할 가능성은 높다. 야심을 야심으로 견제하는 견제와 균형 제도는 반대 의견이 제기될 가능성을 높이고, 특정 집단이나 기관의 구성원들이 자신의 생각이나 아는 것을 밝히기를 꺼릴 가능성을 줄이는 하나의 방법으로 이해될 수 있다.[57]

충격과 권위와 전문 지식

셰리프와 아시의 실험에서 특별한 전문 지식을 가진 사람은 딱히 없다. 구성원 중 누구도 탁월한 측정 능력이나 훌륭한 시력을 보여 주지 않는다. 그런데도 피실험자들 입장에서 실험자의 공모자 중 한 명 이상이 특히 옳을 가능성이 높다고 생각할 만한 이유가 존재하는 경우에, 우리는 피실험자들의 실수 가능성이 훨씬 높아질 거라고 충분히 예상할 수 있다. 이 가설은 현대 사회 과학에서 가장 놀라운 연구 결과 중 하나를 둘러싼 또 다른 해석 — 동조가 동료들의 판단이 아닌 실험자의 의지와 관련이 있음을 암시하는 — 으로 뒷받침된다.[58] 관련 실험들은 단순한 사실이 아닌 도덕적 평가를 둘러싼 사회적 영향을 암시한다는 점에서 그 자체로 흥미롭다.

　　심리학자 스탠리 밀그램Stanley Milgram은 그의 실험에서 옆방에 앉아 있는 사람에게 전기 충격을 가하도록 피실험자들에게 요구했다.[59] 피실험자들에게는 처벌이 기억에 미치는 효과를 실험하기 위함이라는 거짓 설명을 들려 주었다. 그들은 몰랐지만 사실 전기 충격을 받는 사람은 공모자였으며, 실제로는 전기 충격도 가해지지 않는 상황이었다. 하지만 피실험자들이 보기에 전기 충격기를 통해 〈약간의 충격〉부터 〈위험: 심각한 충격〉이라는 구두 설명과 함께 15볼트에서 450볼트까지 30단계로 명확히 구분되어 전기 충격이 가해지는 것처럼 보였다.[60] 실험이 진행되는 과정에서 피실험자들은 옆방에 앉아 있는 사람이 거짓말을 할 때마다 400볼트에서 시작되는 〈위험: 심각한 충격〉 수준 또는 그 이상으로 점점 더 충격 강도를 높이라는 요구를 받았다.

밀그램의 최초 실험은 스무 살부터 쉰 살까지 40명의 남성을 포함했다. 피실험자들의 직업은 기술자부터 고등학교 교사, 우체국 직원까지 다양했다.[61] 실험에 참가하는 대가로 그들은 4달러 50센트를 받았다. 또한 실험이 어떻게 흘러가든 상관없이 돈을 지급받을 거라는 이야기를 들었다. 소위 〈기억 실험〉은 특정 단어와 짝을 이루는 단어를 기억해 내는 방식이다. 공모자 또는 희생자가 실수할 때마다 전기 충격이 가해졌으며, 전기 충격기의 강도가

한 단계씩 높아졌다. 모든 것이 진짜처럼 보이게 하고자 피실험자들에게 실험을 시작하기 전에 가장 낮은 단계의 전기 충격을 직접 체험해 보도록 요구했다. 또한 실험자는 미리 말을 맞춘 공모자의 질문에 〈전기 충격이 매우 고통스러울 수 있겠지만, 영구적인 조직 손상을 초래하지는 않을 것이다〉라고 답변함으로써 피실험자들에게 전기 충격이 위험하지 않다는 확신을 갖게 해주었다.[62]

원래의 실험에서 희생자는 아무런 저항도 하지 않다가 전기 충격이 300볼트에 도달하는 순간 자신을 구속한 전기 의자가 있는 방의 벽을 세게 걸어찬다. 이후로는 질문에 더 이상 대답하지 않다가 315볼트의 전기 충격이 가해졌을 때 재차 벽을 걸어참으로써 반응을 보인다. 그다음부터는 전기 충격을 400볼트 또는 그 이상으로 올려도 아무런 반응을 보이지 않는다. 혹시라도 피실험자가 더 이상 하고 싶지 않다는 의사를 피력하는 경우에 실험자는 〈제발 계속해 주세요〉와 같은 말로 시작해서 〈당신은 달리 선택의 여지가 없어요. 계속해야 합니다〉와 같은 말로 압박 강도를 높이면서 피실험자에게 마음을 굳게 먹도록 종용한다.[63] 그렇지만 실험자가 피실험자에게 제재를 가할 권한은 없다.

대다수는 이 실험에서 95퍼센트 이상의 피실험자들

이 전기 충격을 최고 단계까지 진행하기를 거부했을 거라고 생각한다. 피실험자들이 어디까지 진행했을 것 같냐는 질문에 사람들이 예상한 중단점은 〈매우 강한 충격〉[64] 수준인 195볼트였다. 하지만 밀그램의 초기 실험에서 40명의 피실험자 전원이 300볼트를 넘겼다. 평균적인 최대 전기 충격 수준은 405볼트였으며 〈위험: 심각한 충격〉보다 두 단계 높은 450볼트까지 꽉 채운 피실험자도 과반수 — 40명 중 26명, 65퍼센트 — 가 넘었다.[65]

원래의 실험에서 나중에 변형된 실험들은 더욱 놀라운 결과를 만들어 냈다. 관련 실험에서 희생자, 즉 공모자는 전압이 증가할 때마다 점점 더 많은 고통과 괴로움을 호소한다.[66] 희생자는 75볼트에서 105볼트 사이에서 작게 앓는 소리를 내고, 120볼트에서는 실험자를 향해 전기 충격이 고통을 유발하기 시작했다고 외친다. 150볼트에서는 〈실험자 님, 나를 여기에서 꺼내 줘요! 더 이상 실험에 참여하지 않겠어요! 그만 할래요!〉라고 울부짖는다.[67] 180볼트에서는 〈너무 고통스러워서 견딜 수 없어요〉라고 말한다. 270볼트에서는 괴로운 비명을 지른다. 300볼트에 도달하면 희생자는 더 이상 질문에 대답하는 것조차 힘들다고 외친다. 315볼트에 이르러서는 격렬하게 비명을 지른다. 전기 충격이 330볼트에 도달하면 그때부터 희생자는 아무 소리도 내지 않는다.

이처럼 변형된 실험 결과는 밀그램이 얻은 실험 결과와 크게 다르지 않다. 40명의 참가자 중 25명이 최고 단계까지 진행했으며, 각각의 참가자가 진행한 최고 단계의 평균값은 360볼트가 넘었다. 약간 섬뜩한 버전의 변형 실험도 실시되었는데, 해당 실험에서 희생자는 실험을 시작하기 전에 자신이 심장 질환을 앓고 있음을 알리고, 전기 충격이 가해질 때마다 심장에 무리가 간다는 사실을 반복적으로 상기시키면서 실험을 중단해 달라고 애원한다.[68] 결과적으로 이와 같은 애원도 피실험자들을 다르게 행동하도록 만들지 못했다.[69] 특히 밀그램의 기본적인 연구 결과는 2009년에 이르러서도 45년 전 그가 확인한 것보다 복종률이 아주 약간 낮아졌을 뿐 대체로 그대로 재연되었다. 남성 참가자들과 여성 참가자들 간의 복종률 차이는 없었다.[70]

밀그램 본인은 그의 연구 결과가 권위에 대한 복종을 보여 주며, 나치 지배하에서 많은 독일인이 보여 주었던 행동을 연상시킨다고 설명한다. 실제로 밀그램은 어떻게 홀로코스트와 같은 비극이 일어날 수 있었는지 이해하고자 하는 목표도 어느 정도 가지고 있었다.[71] 그는 다른 무고한 사람들에게 엄청난 고통을 초래할지라도 보통 사람들은 지시에 따르려고 한다는 결론을 내렸다. 단순한 복종이 그림의 일부임은 의심할 여지가 없다. 하지만 다른 해석도 있다.

노련해 보이는 어떤 과학자의 실험에 참여하기 위해 대학에 초청된 피실험자들은 실험자가 실험에 대해 잘 알고 있으며, 모든 것을 고려했을 거라는 믿음 때문에 실험자의 지시에 적극적으로 따를 가능성이 높다. 실험자가 피실험자에게 계속 진행하라고 요구하는 경우에 상식적으로 대부분의 피실험자는 희생자에게 가해지는 것처럼 보이는 위해가 그다지 심각한 수준은 아니며, 그 실험이 실질적으로 사회에 상당한 이익을 가져다줄 거라고 믿을 것이다. 그런 측면에서 밀그램, 즉 실험자는 특별한 전문지식을 갖는다. 그리고 밀그램의 피실험자들이 실험자에 대해서 어떤 믿음을 가지고 있었다면 그들은 실제로 옳았다.

이와 같은 해석이 맞을 경우 실험자의 목소리가 매우 증폭된다는 점에서 밀그램의 실험 참가자들은 아시의 실험 참가자들과 비슷하다고 할 수 있다. 아시의 피실험자 중 상당수는 일치된 의견을 가진 다른 사람들이 제공하는 정보적 신호에 따랐다. 밀그램의 피실험자들도 비슷한 모습을 보인다. 밀그램의 실험에서 한 명의 전문가나 권위자는 아시의 실험에서 일치된 의견을 가진 다른 사람들과 비슷할 수 있다. 또한 그런 이유로 밀그램의 피실험자 중 상당수는 도덕적 가책을 외면했을 수 있다. 맹목적인 복종 때문이 아니다. 그들의 도덕적 가책이 근거가 빈약할 수 있다는 판단 때문이다. 그리고 이런 판단은 해당 실험이 정말로 유해하거나 반대할 만하다면 실험자가 피실험자들에게 실험을 진행하도록 요구하지도 않았을 거라는 믿음에 기초하고 있다.

　요컨대 밀그램의 피실험자들은 큰 목소리를 내는 정보적 신호 — 한 명의 전문가나 또는 한 집단이 보내는 것과 같은 종류의 신호 — 에 응답했을 수 있다. 이런 관점에서 보자면 밀그램이 피실험자들의 행동을 히틀러의 지배 하에서 독일인들이 보여 준 행동과 비교한 것은 잘못되었다. 밀그램의 피실험자들은 단순히 한 지도자에게 복종한 것이 아니라 그들이 신뢰할 수 있는 자격과 선의를 가졌다고 생각되는 누군가에게 응답하고 있었기 때문이다. 물론 한 지도자에게 복종하는 행위와 한 전문가의 믿음을 수용하는 행위를 구분하는 문제는 이론적으로나 현실적으로 간단하지 않다. 한 가지 분명한 사실은 피실험자들의 복종이 결코 아무런 근거가 없는 것은 아니었다는 점이다. 즉 피실험자들의 복종은 그들 입장에서 실험자가 자신들로 하여금 단순히 가학증을 만족시키기 위해서 또는 아무런 이유 없이 누군가에게 심각한 신체적 위해를 가하도록 요구하지 않을 거라고 생각할 만한 어떤 이유들이 존재하는 실험 환경과 관련 있었다.

　나는 이 설명이 밀그램의 논쟁적인 연구 결과에 완전한 설명을 제공한다고 주장하지 않는다. 그러나 복종의 근거를 탐구한 한 후속 연구는 이와 같은 해석을 뒷받침한다.[72] 해당 연구에서 다수의 피실험자는 밀그램의 실험 영상을 본 뒤에 영상 속 피실험자들이 실험자의 요구에 순응하는 잠재적인 이유에 대해 순위를 매기도록 요청받았다. 결과는 전문성에 대한 복종이 가장 높은 순위를 차지한 것으로 나타났다. 이러한 결과가 물론 결정적인 것은 아니지만, 자신의 기초 연구에 대한 이해를 돕기 위해서 밀그램이 실시한 또 다른 변형 연구는 추가적인 설득력을 제공한다.[73] 이 변형 연구에서 피실험자는 다른 2명과 한 조를 이루어서 희생자에게 전기 충격을 가하라는 요구를 받는다. 그들 중 실제로는 공모자인 다른 2명이 어느 단계(한 명은 150볼트이고, 다른 한 명은 210볼트이다) 이상으로는 전기 충격을 가하기를 거부한다. 이 경우에 절대다수의 피실험자들—92.5퍼센트—은 실험자의 요구를 무시한다.[74] 해당 실험은 밀그램이 자신의 기초 연구와 관련해서 피실험자들의 복종 수준을 낮추기 위해 계획했던 다양한 변형 실험 가운데 가장 효과적이었다.[75]

동료들의 저항이 그처럼 강력한 효과를 발휘한 이유는 무엇일까? 나는 해당 변형 실험의 피실험자들이 최소한 한 명 이상의 협력적인 공모자가 섞여 있던 아시의 피실험자들과 매우 비슷하다고 생각한다. 아시의 실험에서는 한 명의 공모자가 피실험자들에게 자신이 본 대로 이야기하도록 이끌었다면, 밀그램의 실험에서는 자신의 양심에 근거하여 행동한 동료들이 실험자의 지시에 맹목적으로 따르기보다 각자의 양심에 따르도록 피실험자들에게 자유를 주었기 때문이다. 밀그램은 그의 또 다른 변형 실험에서 실험자의 조언이나 외부의 영향이 없을 때 피실험자들의 도덕적 판단이 명료했음을 분명히 했다. 요컨대 아주 낮은 수준 이상으로 전기 충격을 가하지 말라는 것이었다.[76]

실제로 밀그램의 피실험자들에게 그와 같은 도덕적 판단은 아시의 피실험자들이 기준선을 바탕으로 비교선의 길이를 스스로 판단할 때 보여 준 사실에 입각한 명확하고 정확한 (그래서 굳이 아시의 공모자들과 대립할 필요조차 없었던) 판단과 거의 동일할 정도로 명료했다. 일치된 의견을 피력하던 아시의 공모자들이 보여 준 영향력과 유사하게 밀그램의 실험에서 가장 큰 영향력을 가졌던 것은 실험자의 주장 — 전기 충격이 계속되어야 하고 어떠한 영구적인 상해도 없을 거라는 — 이었다. 하지만 피실험자들의 동료들이 실험자의 주장을 거부했을 때 해당 주장의 정보 내용은 동료들의 거부를 통해 제공된 정보로 인해 효과적으로 부정되었다. 그 결과 피실험자들은 자신의 도덕적 판단에 의존하거나 동료들의 거부를 통해 드러난 도덕적 신호를 따를 수 있었을 것이다.

그때나 지금이나 밀그램의 연구 결과를 둘러싼 최선의 해석은 명확하지 않지만, 큰 틀에서의 교훈은 전혀 모호하지 않다. 어떤 상황에 처해서 도덕률이 분명하지 않을 때 사람들은 전문가처럼 보이는, 그래서 중요하거나 위험한 관련 요소들을 판단할 수 있는 누군가의 영향을 받기 쉽다는 사실이다. 하지만 전문가의 의심스러운 도덕적 판단이 자신의 도덕적 판단에 집중하는 합리적인 사람들에게 반박될 때 사람들은 전문가를 덜 맹종하게 된다. 동시에 각자의 양심이 시키는 대로 행동할 가능성이 훨씬 늘어날 것이다.

법을 준수하는 행동 역시 비슷한 특징을 갖는다. 어떻게 행동해야 하는지를 둘러싼 법에 의한 공표와 전문가의 판단은 흔히 동일한 방식으로 작동한다. 따라서 많은 사람은 법이 사실상 거의 집행되지 않는 경우에도 — 심지어 법을 통해 구현하려는 판단에 의문이 들 때조차 — 법을 준수하고자 한다. 하지만 비슷한 사람들이 기꺼이 법을 위반하고자 하는 경우에는 자신이 하고 싶어 하는 무언가를 법이 이기적이거나 원칙적인 이유로 금지한다고 생각되는 경우가 아니더라도 위반이 만연할 수 있다. 이런 측면에서 밀그램의 실험은 강력히 시행되지 않는 한 법이 효력을 발휘하지 못하는 순간과 관련해서 — 그리고 시민 불복종의 전제 조건과 관련해서 — 어떤 교훈을 제공한다.

2장

폭포 현상

이제 나는 정보적인 영향과 평판적인 영향이 어떻게 폭포 현상 — 소수의 초기 개척자들이 보여 준 믿음이나 행동 때문에 많은 사람이 어떤 생각을 갖게 되거나 어떤 행동을 하게 되는 대규모의 사회적 움직임 — 을 초래할 수 있는지 살펴보려고 한다. 동조의 예와 마찬가지로 폭포 현상은 사회적 영향으로 촉진된다. 하지만 동조 개념이 사회적 안정성을 설명하는 데 도움을 준다면, 폭포 현상에 대한 이해는 놀라울 정도로 빠르게 진행되는 동시에 지극히 불안정한 상황을 야기하는 사회적, 법적 움직임을 설명하는 데 유용하다. 본격적인 이야기를 시작하기에 앞서 「모나리자」나 윌리엄 블레이크William Blake, 제인 오스틴Jane Austen, 테일러 스위프트Taylor Swift, 「해리 포터 시리즈」 등은 폭포 현상의 산물로 간주되는 것이 타당하다. 버락 오바마Barack Obama와 도널드 트럼프Donald Trump의 성공이나 브렉시트가 통과된 것 또한 마찬가지이다.

첫 번째 증거로 사회학자 덩컨 와츠Duncan Watts와 그의 공동 저자들이 발표한 음악 다운로드에 관한 놀라운 연구를 살펴보자.[1] 그들이 연구를 진행한 방식은 다음과 같다. 먼저 그들은 여러 신생 밴드의 음악 72곡 가운데 한 곡 이상의 음악을 듣고 내려받을 수 있는 대조군을 만들었다. 대조군이 누릴 수 있는 장점은 앞서 언급한 대로 음악을 듣고 내려받는 것이 전부였다. 각각의 사람들은 다른 사람이 무슨 노래를 내려받았는지 또는 어떤 음악을 좋아하는지에 대해 어떠한 정보도 듣지 못했다. 따라서 그들은 자신이 어떤 노래를 좋아하는지 스스로 알아서 독립적으로 판단해야 했다. 와츠와 공동 저자들은 사회적 영향이 어떤 효과를 발휘하는지를 실험하기 위해 별도로 여덟 개의 하위 집단도 만들었다. 각각의 하위 집단에 속한 사람들은 자신이 속한 집단 내에서 앞서 얼마나 많은 사람이 각각의 노래를 내려받았는지 알 수 있었다.

간단히 말해서 와츠와 공동 저자들은 사회적 영향과 소비자 선택 사이에 어떤 관계가 있는지를 연구하고 있었다. 결과는 어땠을까? 다른 사람들의 선택을 아는 것이 궁극적인 다운로드 수치에 크거나 작은 차이를 만들었을까? 그에 대한 답은 엄청난 차이를 만들었다는 것이다. 비록 (대조군으로 입증되었듯이) 최악의 노래는 한 번도 최고 순위에 오르지 못했고, 최고의 노래는 한 번도 최하위를 기록하지 않았지만, 그 외에는 근본적으로 어떤 일이든 일어날 수 있었다. 앞서 폭발적인 다운로드의 혜택을 받았다면 그 노래는 얼마든지 잘나갈 수 있었다. 반대로 그와 같은 혜택을 받지 못한 노래들은 어떤 노래라도 실패할 수 있었다. 와츠와 공동 저자들이 나중에 설명했듯이 인기는 자기실현적인 예언이기 때문에 누구라도 비교적 쉽게 결과를 조종할 수 있다.[2] 만약 어떤 웹 사이트에서 (거짓으로) 어떤 노래의 다운로드 횟수가 점점 늘어나고 있는 것처럼 보여 준다면 그 노래는 엄청난 동력을 얻고 궁극적으로 큰 성공을 거두게 될 것이다. 일례로 존 F. 케네디John F. Kennedy의 아버지인 조 케네디Joe Kennedy는 아들이 쓴 『용기 있는 사람들』을 초기에 수만 권이나 구매했다고 전해진다. 그 책이 베스트셀러가 되었음은 물론이다.

노래의 인기와 관련해서 와츠와 공동 저자들은 정보적인 폭포 현상의 효과를 탐구했다. 이 실험은 다른 사람들이 앞서 어떤 선택을 하고 무슨 노래를 좋아하는지를 보면서 배우는 사람들의 특성상 초기의 인기가 장기적인 효과를 발휘할 수 있음을 보여 주었다. 앞선 인기를 보면서 배우는 까닭에 설령 그 노래가 다른 세계였다면 초기 청취자들에게 호응을 얻지 못해 저조한 성과를 기록했을 노래일지라도 이쪽 세계에서는 엄청난 성공을 거두게 만들 수 있다.

폭포 현상은 취향뿐 아니라 사실과 가치를 둘러싼 판단에서도 발생한다. 민간이나 공공 기관들 ― 중소기업과 대기업, 가톨릭교회, 노동조합, 지방 정부, 중앙 정부 등 ― 내에서도 폭포 현상은 발생한다. 그리고 사람들이 다른 누군가와 감정에 기반한 관계를 맺을 때 폭포 현상이 발생할 가능성은 증가한다. 사회적 리스크* 영역에서 폭포 현상은 더욱 자주 관찰되는데, 사람들은 자신의 주관적인 지식 때문이 아니라 다른 사람들이 보여 주는 두려움 때문에 특정 제품이나 프로세스를 두려워한다.[3] 초기 판결이 이후의 재판을 특정한 결과로 이끌고, 궁극적으로는 판사가 자신의 독자적인 판단이 아닌 더 많이 알 것 같은 다른 사람의 판단을 따르기로 하면서 법원 대부분이 한결같은 판결을 내리게 된다는 점에서 판례 시스템도 폭

* 다른 사람들이 자신의 구매 활동을 긍정적으로 평가하지 않을까 봐 걱정할 때 소비자들이 겪는 두려움.

포 현상을 초래한다.[4] 특히 고도로 기술적인 분야에서 전임자들에게 영향을 받아서, 심지어 결정적인 영향을 받아서 한결같은 판결을 내리는 것은 잘못일 수 있다.

폭포 현상은 그 자체로 좋지도, 나쁘지도 않다. 폭포 현상의 숨겨진 과정은 사람들이 노래나 휴대 전화, 노트북, 리스크, 도덕률, 법 등과 관련해서 적절한 판단을 내리도록 이끌 수 있다. 문제는 사람들이 동일한 과정을 통해서 잘못되거나 정당하지 않은 결과 쪽으로 집중될 수도 있다는 것이며, 이는 심각한 사항이다. 하지만 이런 이야기를 하기에는 아직 너무 이르다. 우선은 역학에 관련된 이야기부터 시작해 보자.

정보적 폭포 현상: 기본 현상

정보적 폭포 현상의 영향을 받는 사람들은 어느 순간에 이르러 자신이 가진 개인적인 정보나 견해에 의지하기를 중단한다. 대신에 다른 사람들이 전달하는 신호에 근거해서 결정을 내린다. 이런 현상이 일단 시작되고 나면 이후에 접하게 되는 사람들의 진술이나 행동은 어떠한 새로운 정보도 제공하지 못하게 된다. 이를테면 정보적 폭포 현상의 영향을 받는 사람들은 전임자를 따라갈 뿐이다. 따라서 최초 몇몇 행위자의 행동은 이론상으로 무수히 많은 추종자에게 비슷한 행위를 촉발할 수 있다. 그리고 사람들이 어떤 말이나 행동을 보이는 상당수의 개개인이 독자적인 지식에 근거하여 행동한다고 생각하는 경우에는 한 가지 특별한 문제가 발생한다. 바로 이와 같은 생각 자체가 폭포 현상을 막기 매우 어렵게 만들 수 있다는 점이다. 어떤 행동이나 말 — 어떤 정치인이 훌륭하다, 어떤 상품은 위험하다, 어떤 사람은 범죄자이다 등 — 을 하는 사람들이 너무나 많은 까닭에 사람들은 〈어떻게 그들 모두가 틀릴 수 있겠어?〉라고 생각한다. 그들이 대체로 다른 사람들이 말했거나 행동했던 것에 반응하고 있는 것이라면, 그런고로 그들 자신에게 영향을 준 신호의 볼륨을 단순히 증폭하고 있는 것이라면, 현실은 정말로 그들 모두가 틀릴 수 있다는 것이다.

다음은 지극히 정형적인 예이다. 일단의 의사들이 갱년기 여성에게 호르몬 치료를 처방할지 어떨지 결정하려 한다고 가정해 보자. 호르몬 치료가 상당한 심장병 위험을 초래한다면 호르몬 치료의 순가치는 음의 값이다(그렇다고 가정하자). 반대로 그런 위험을 초래하지 않는다면 호르몬 치료의 순가치는 양의 값이다.[5] 결정을 앞둔 의사들은 일시적인 대기열을 형성하고 있으며, 자신이 대기열의 몇 번째에 위치해 있는지 알고 있다. 아울러 그동안의 경험을 통해 자신이 어떻게 행동해야 하는지에 대해서도 어느 정도 주관적인 정보를 가지고 있다. 물론 합리적인 그들은 다른 의사들이 어떤 판단을 하는지에 대해서도 예의 주시하는 중이다. 가장 먼저 결정해야 하는 사람은 대기열의 첫 번째에 위치한 앤더슨 의사이다. 그는 자신의 주관적인 판단에 따라 심장병 위험이 낮으면 호르몬 치료를 처방하고, 심장병 위험이 높으면 호르몬 치료를 거부할 것이다. 앤더슨이 호르몬 치료를 처방한다고 가정해 보자. 또 다른 의사 바버는 이제 앤더슨의 판단이 심장병 위험이 낮다는 것이었음을 알게 되었고, 자신의 주관적인 판단에 기초해서 심장병 위험이 낮으면 자신도 호르몬 치료를 처방해야 한다는 사실을 알 것이다. 반면에 자신이 판단하기에 심장병 위험이 높다면, 호르몬 치료를 처방하는 문제와 관련해서 이래도 좋고 저래도 좋다는 — 바버가 자신을 믿는 만큼 앤더슨을 믿는다는 가정하에 — 생각을 하게 될 것이고, 단순히 동전을 던져서 결정하려 할 수도 있을 것이다. 바버가 정말로 확신이 없어서 앤더슨의 판단에 따른다고 가정해 보라.

　　이제 세 번째 의사인 칼턴을 보자. 앤더슨과 바버가 모두 호르몬 치료를 처방했지만, 칼턴이 보기에는 심장병 위험이 너무 높은 것 같다. 하지만 스스로 확신이 없는 상태라면 칼턴은 자신의 생각을 무시한 채 호르몬 치료를 처방할 수 있다. 앤더슨과 바버가 심장병 위험이 낮다고 판단했다는 점에서 칼턴은 자신의 정보가 그들의 것보다 낫다고 생각하지 않는 한 선례를 따를 것이다. 그리고 그들의 선례를 따른다면 그는 폭포 현상의 영향을 받는 셈이다. 다른 의사들이 어떤 결정을 내렸는지 알고, 스스로 확신이 없는 한 이후의 의사들도 칼턴이 한 행동을 그대로 반복한다. 즉 〈자신이 가진 정보와 무관하게 호르몬 치료를 처방할 것이다〉. 〈반대 정보가 계속 묻히는 까닭에 심지어 잘못된 선택임에도 폭포 현상은 영구적으로 지속된다. 단순한 우연이나 사소한 이유에서 비롯되었을지 모를 수용과 거부를 둘러싼 초기 선택은 그 자체로 스스로를 부양하는 능력을 지닌다.〉[6]

여기에서 우리가 주목해야 할 것은 사람들이 폭포 현상의 영향을 받는 경우에 자신이 가지고 있는 개인적인 정보가 행동을 통해 드러나지 않으며, 그로 인해 심각한 문제가 야기된다는 점이다. 직전의 예에서 의사들의 행동은 호르몬 치료가 건강에 미치는 효과와 관련해서 — 설령 의사들 개개인이 가진 정보가 실제로 표출되고 통합됨으로써 그 상황에 대한 비교적 정확한 그림이 제공될지라도 — 그들이 가지고 있는 지식을 전부 다 반영하지는 않을 것이다. 문제의 원인은 의사들 개개인이 자신보다 앞서 결정한 다른 의사들이 만든 선례를 따르기 때문이다.

앞서 언급했듯이 후임 의사가 전임자들이 단순히 선례를 따르지 않고 주관적인 정보에 의존했을 거라고 과대평가하면 문제는 더욱 심각해질 수 있다. 그런 경우에 후임 의사들은 폭포 현상의 영향을 받는 사람들이 공유하는 정보보다 사실상 더 나은 주관적인 정보에 의존하거나 정보를 표출하지 못하게 될 수 있다. 그 결과 일반적으로 의료계는 그들에게 필요한 정보의 부족에 시달리게 될 것이다. 환자들이 고통받거나 사망할 수도 있다. 더욱 중요하게는 폭포 현상의 영향을 받는 사람들이 합리적인 선택의 일환으로 정보를 가진 해당 개인보다 집단에 더 이로울 수 있는 그들의 주관적인 정보를 은폐하게 될 것이다. 그리고 주관적인 정보의 은폐는 결국 무임승차 문제를 초래한다. 이 문제를 극복하기 위해서는 일단의 개혁이 필요한 듯 보이며, 제도 개선도 그중 하나일 수 있다.

물론 폭포 현상은 매번 발생하지도 않거니와 일반적으로 영원히 지속되지도 않는다. 의사들은 한때 〈체액(흑담즙, 혈액, 점액, 황담즙 등 뚜렷이 구분되는 네 가지 체액)〉이 존재한다고 믿었으며, 그중 어느 한 가지만 부족해도 건강에 해로운 영향을 끼친다고 생각했다. 물론 오늘날에는 그렇게 믿지 않는다. 흔히 사람들은 다른 사람들이 축적한 지혜를 거부하면서 자신이 주관적인 정보를 충분히 가지고 있다고 생각한다. 의료 전문가들도 대체로 그런 범주에 해당한다. 호르몬 치환 요법에서 그랬던 것처럼 폭포 현상은 설령 발생하더라도 바로잡아 주는 정보로 얼마든지 깨질 수 있다.[7] 특히 과학 영역에서 동료들 간의 상호 검토 작업은 귀중한 안전장치를 제공한다.

그런데도 의료 전문가들 사이에서나 실제 의사들 사이에서 폭포 현상은 자주 관찰된다. 〈의사 대부분은 의료 연구의 최첨단에 있지 않다. 그들은 동료들이 진행했었거나 진행하고 있는 연구에 의존할 수밖에 없고, 그 과정에서 수많은 외과적 유행이나 치료로 인한 질병을 초래한다.〉[8] 예를 들어, 권위 있는 『뉴잉글랜드 의학 저널*New England Journal of Medicine*』의 한 기사는 의사들이 주로 다른 의사들도 똑같이 하고 있다는 이유를 들면서 특정 질병과 치료를 맹목적인 동시에 전염성 강한 열정으로 밀어붙임으로써 가끔씩 마치 나그네쥐*와 같은 행동을 보이는, 이른바 〈밴드 왜건 효과〉를 탐구한다.[9] 기사에 따르면 편도샘 제거 수술을 비롯하여 어쩌면 전립샘 특이 항

* 사람들 사이에서는 이들이 집단으로 벼랑을 뛰어내려 자살을 한다는 믿음이 있음.

원 검사까지 포함하는 일부 의료 행위들은 〈초기에 빈약한 정보를 근거로 채택된 듯 보이며〉, 편도샘 수술을 비롯한 다른 몇몇 수술에서 나타나는 극단적인 수술 빈도의 차이는 폭포 현상이 작용하고 있다는 유효한 증거를 제공한다.[10] 그리고 일단 몇 명의 의사가 합류하고 나면 문제의 폭포 현상은 쉽게 확산한다. 바로 이 점에서 폭포 현상은 개개인에게 신뢰할 만한 정보가 부족한 영역에서 집단작용에 기초하여 서로 다르지만 견고한 기준을 발전시킨 무자퍼 셰리프의 실험과도 연관성을 갖는다. 실제로 호르몬 치환 요법 처방이 인기를 끈 것도 폭포 현상과 비슷한 과정을 통해서였다.[11]

의사에게 적용되는 것은 변호사나 기술자, 국회의원, 공무원, 판사, 투자자, 교수 등에게도 그대로 적용될 가능성이 매우 높다. 폭포 현상이 각각의 시민 집단 내에서 어떻게 발현되는지는 특히 그 집단이 소규모에 사회적으로 단절되고 감정적인 유대 관계에 기초할 때 쉽게 관찰된다. 예컨대 베리라는 사람이 기후 변화가 얼마나 심각한 문제인지 모르는 상태에서 앨버타라는 사람이 기후 변화가 심각한 문제가 아니라고 주장한다면 베리는 앨버타에게 설득될 것이고, 그들의 친구 찰스는 두 사람의 의견에 동조할 가능성이 높을 것이며, 다니엘은 그들 집단의 공통된 의견을 적극적으로 부정하기가 쉽지 않을 것이다. 비슷한 생각을 가진 사람들로 이루어진 어떤 소규모 집단이 특정한 리스크를 두려워한다면, 또는 다른 집단을 두려워하거나 미워한다면 폭포 현상 때문인 예가 많다.

법이 아닌 다른 분야에 종사하는 사람들에게도 교훈을 제공하는 법 분야의 유사한 예를 살펴보자. 멸종 위기종 보호법에는 많은 논란을 야기하는 한 가지 쟁점이 존재한다. 문제는 멸종 위기종을 보호하기 위해 정부가 정확히 어떻게 해야 하는가이다. 서로의 이해가 첨예한 가운데 환경 단체들은 정부가 지금보다 훨씬 많은 일을 해야 한다고 주장한다. 이 문제를 판단해야 하는 첫 번째 항소 법원은 지극히 어려운 사안임을 알게 되지만, 정부에 유리한 판결을 내놓는다. 두 번째 항소 법원은 정부가 잘못하고 있다는 주장에 아주 조금 우호적인 태도를 취하지만, 앞선 판결을 지지함으로써 결과적으로 정부에 유리한 판결 기조를 이어 간다. 세 번째 항소 법원도 잠깐 동안은 정부에 불리한 판결을 내릴 것처럼 보였지만, 앞선 두 재판의 공통된 견해를 무시하기에는 확신이 부족하다. 결국 모든 순회 재판에서 똑같은 결정이 내려진다. 그 과정에서 마지막의 몇몇 판사는 다른 판사들이 내린 만장일치의 판결에 압박감을 느낄 것이고, 어쩌면 그런 압박감이 초기에 이루어진 다소 이례적인 판결 때문이 아닌지 충분히 검토하지도 못할 것이다. 한편 대법원은 모든 항소 법원이 똑같은 판단을 내린 까닭에 문제의 논란에 관여하기를 거부할 것이다. 이런 일들은 수없이 일어나고 나쁜 법을 만든다.

당연하지만 폭포 현상은 항상 발생하는 것은 아니며 법원들의 견해가 서로 엇갈리는 경우도 흔하다.[12] 한 가지 원인은 그다음 법원이 확신에 차서 이전 판사가 실수했다는 결론을 내리는 경우가 많기 때문이다. 그런데도 간혹 고도로 기술적인 영역에서 폭포 현상이 나타나는 것은 피할 수 없다. 일단 발현된 이후에는 폭포 현상을 간파하기가 어려울 수 있다.

현재의 관행을 개선하기 위한 측면에서 이와 같은 사실이 암시하는 바는 명확하다. 둘이나 그 이상의 항소 법원이 보여 주는 일치된 견해에 많은 무게를 두는 부분에서 합의부가 신중해야 한다는 것이다. 자신의 질병과 관련해서 다른 의사의 의견을 구하고자 할 때 환자는 새로운 의사에게 첫 번째 의사가 내린 진단을 공개하지 말아야 한다. 새로운 의사의 독립된 견해를 구하는 것이 목적인 까닭이다. 비슷한 맥락에서 항소 법원은 이전 법원들의 일치된 견해가 각각의 독자적인 판단에 기초한 것이 아닐 가능성에 경각심을 가져야 한다. 그리고 대법원은 여러 항소 법원의 일치된 견해에 반대할 때 그들이 모두 동의했다는 사실에 너무 무게를 두지 않는 것이 현명할 수 있다. 그들의 일치된 견해가 폭포 현상에서 비롯되었을 수 있기 때문이다.[13] 하급 법원들 사이에서 일치된 의견을 이끌어 내는 폭포 현상이 사법 체계에서 갖는 위험성은 폭포 현상이 자기 강화적인 동시에 자기 단절적인 현상을 초래할 수 있다는 점이다. 명백한 실수가 존재하지 않는다면 대법원이 개입하게 된 이유가 무엇이겠는가?

지금까지 논의된 정보적 폭포 현상에서 모든 참가자는 전적으로 합리적이다. 그들은 제한된 정보에 직면해서 당연한 행동을 보여 준다. 하지만 앞서 지적했듯이 폭포 현상의 영향을 받는 참가자들은 전임자들의 결정이 독자적인 정보에 기초하지 않는다는 사실을 알지 못할 수 있다. 유전자 변형 식품이 건강과 환경에 위험을 초래한다고 사람들 대부분이 생각한다면 그 많은 사람이 과연 틀릴 수 있을까?

한 가지 가능한 답변은 그들이 자신의 독자적인 정보에 의존하기보다 다른 사람들이 보내는 신호를 따르고 있는 상황이라면 실제로 틀릴 수 있다는 것이다. 그리고 폭포 현상의 영향 밖에 있는 외부자든, 폭포 현상에 일조하는 기여자든 상관없이 그들 모두는 폭포 현상을 일련의 분리되고 독립된 판단으로 착각할 때가 많다. 때때로 과학자나 변호사, 대학교수 등은 수백 또는 수천 명의 사람이 하나의 믿음이나 의견을 공유한다고 암시하는 탄원서나 성명서에 서명한다. 수백 또는 수천에 달하는 서명인 수는 그 자체로 매우 인상적일 수 있다. 하지만 서명인 대부분이 관련 사안에 대한 신뢰할 만한 정보가 부족한 상태에서, 겉보기에 믿을 만하지만 실제로는 아무런 정보도 담고 있지 않은 수많은 사람의 판단을 그저 따르고 있을 수 있다는 점을 고려한다면 그다지 인상적이지 않을 수도 있다.

정보적 폭포 현상에 기여하는 사람들이 완전히 합리적으로 행동하고 있을 때조차 일련의 실수 위험은 존재한다. 사람들은 자신이 가진 모든 정보를 공개하지 않을뿐더러 가진 정보에 근거해서 행동하지도 않기 때문에 잘못되거나, 손해를 야기하거나, 위험한 길로 몰려들 수 있다.

폭포 현상은 실험실 환경에서 쉽게 재연된다. 일부 실험들은 세부적이고 약간의 기술을 요구하기도 하지만, 다음 네 가지의 일반적인 교훈은 명확하다. 첫째, 사람들은 자신이 가진 개인적인 정보를 자주 외면하고 전임자들

이 제공하는 정보를 따르고자 한다. 둘째, 사람들은 전임자들이 특별히 정보가 많았는지에 민감하다. 조금이라도 정보가 많은 사람이 폭포 현상을 무너뜨릴 수 있기 때문이다. 셋째, 어쩌면 가장 흥미롭게도 사람들이 올바른 개별적 판단이 아닌 그들이 속한 집단의 다수가 올바른 판단을 내림으로써 보상받는 경우에 폭포 현상은 크게 감소한다. 넷째, 사람들이 올바른 판단이 아닌 대다수 사람이 내린 판단과 일치하는 판단을 내림으로써 보상받는 경우에 폭포 현상과 실수는 크게 증가한다. 이 네 가지의 일반적인 교훈은 제도를 설계할 때도 영향을 미친다. 여기에 더해서 사람들이 동조함으로써 보상받을 때 실수가 발생할 가능성이 현저히 높고, 집단이나 기관을 도와서 올바른 판단을 내리도록 함으로써 보상받을 때 실수가 발생할 가능성이 가장 낮다는 사실을 암시한다.

　　매우 단순한 한 실험은 피실험자들에게 실험에 사용되고 있는 항아리가 두 개의 빨간 공과 한 개의 흰 공이 든 항아리 A인지, 아니면 두 개의 흰 공과 한 개의 빨간 공이 든 항아리 B인지 추측해 보도록 요구했다.[14] 한 번 선택된 항아리의 내용물은 매번 모두 비워진 뒤에 다시 채워졌다. 무작위로 선택된 한 명의 피실험자는 비공개로 한 번만 (그리고 하나의 공만) 추첨하도록 요구되었다. 공을 꺼낸 피실험자는 답안지에 자신이 뽑은 공 색깔과 항아리 A인지, 항아리 B인지에 대한 자신의 판단을 기록했다. 모집단에는 그가 어떤 판단을 내렸는지만 공개했고, 그가 어떤 공을 뽑았는지는 공개하지 않았다. 이후에 항아리는 두 번째 피실험자에게 넘겨졌고 전임자와 동일한 방식으로 재차 추첨을 진행했다. 이번에도 피실험자가 어떤 공을 뽑았는지는 공개하지 않았으며, 그가 어떤 판단을 내렸는지만 공개했다. 모든 피실험자가 판단을 마칠 때까지 같은 과정이 반복되었고, 마지막 순간에 이르러 실험자가 실제로 사용된 항아리가 무엇인지 공개했다. 올바른 판단을 내린 경우에 피실험자들은 2달러를 벌 수 있었다.

이 실험에서 폭포 현상은 수시로 발현되었다. 사람들은 다수의 개인적인 판단이 발표되자 간혹 자신의 추첨 결과와 일치하는 대신에 앞서 공개된 발표와 일치하는 판단을 보여 주었다.[15] 여러 〈회〉에 걸쳐 진행된 실험에서 폭포 현상을 보인 경우는 77퍼센트가 넘었으며, 자신의 개인적인 판단을 발표한 피실험자 중 15퍼센트는 〈개인적인 신호〉, 즉 자신의 추첨 결과를 통해 주어진 정보를 제공하지 않았다.

한 사람의 추첨 결과(빨간 공이라고 하자)가 그 사람의 전임자가 발표한 판단(항아리 B라고 하자)을 부정하는 예를 살펴보자. 그런 때에도 두 번째 사람의 판단은 약 11퍼센트의 확률 — 매우 높다고 할 수는 없지만 가끔씩 폭포 현상을 일으키기에는 충분한 — 로 첫 번째 사람의 판단과 일치했다. 그리고 한 사람의 추첨이 둘이나 그보다 많은 전임자의 판단을 부정할 때 그 사람의 두 번째 판단은 앞선 사람들의 판단을 따를 가능성이 높은 것으로 나타났다. 특히 판단 대부분은 베이즈의 규칙*에 따랐고, 따라서 이용 가능한 정보에 합리적으로 근거하고 있었다.[16] 그런데도 잘못된 폭포 현상은 발견되었다. 아래는 잘못된 결과를 낳은 폭포 현상의 실례이다(실험에 사용된 항아리는 B였다).[17]

	1	2	3	4	5	6
뽑기 결과	A	A	B	B	B	B
최종 판단	A	A	A	A	A	A

물론 여기에서 주목해야 할 것은 개인적인 정보의 총량 — 네 개의 흰 공과 두 개의 빨간 공! — 이 항아리 B에 유리한 올바른 판단을 정당화했다는 점이다. 그런데도 앞선 두 신호의 존재는 합리적이지만, 잘못된 판단을 초래

* 두 확률 변수의 사전 확률과 사후 확률 사이의 관계를 나타내는 규칙으로 사전 확률로부터 사후 확률을 구할 수 있다.

하면서 다른 모든 판단을 일치시켰다. 〈잘못 해석된 초기 신호는 이후에 주어지는 더욱 대표성을 가진 신호들로 깨지지 않는 일련의 잘못된 판단을 불러온다.〉[18] 특히 외부적인 요소로 오류가 수정될 가능성이 적은 단절된 집단들 내에서는 이 같은 결과가 사실을 다루는 문제나 도덕적, 법적 문제들을 둘러싼 현실 세계의 평가와 어떻게 연결되는지 쉽게 확인할 수 있다.

폭포 현상의 발생과 소멸

제도적 환경이나 사회적 규범이 폭포 현상의 발생 가능성에 영향을 미칠까? 사회적인, 정치적인, 법적인 환경이 우연히 또는 의식적인 결정을 통해 잘못된 폭포 현상의 위험을 줄이거나 늘릴 수 있을까?

여기에서 중요한 것은 정보적 폭포 현상에서는 누구나 똑같다는 사실이다. 사람들은 오로지 옳은 답을 찾고자 하는 마음에서 다른 사람의 견해나 행동에 주의를 기울인다. 그렇다면 몇몇 참여자가 다른 사람보다 더 많이 알도록, 또는 사람들이 자신의 옳고 그름에만 신경 쓰지 않도록 상황에 약간의 변화를 준다고 상상해 보자. 그와 같은 변화는 결과에 어떤 영향을 미칠까?

유행의 선도자와 많은 정보를 가진 폭포 현상 파괴자

현실 세계의 폭포 현상에서 〈유행의 선도자〉는 이례적인 중요성을 갖는다.[19] 이를테면 저명한 어떤 과학자는 이민이나 기후 변화가 심각한 문제라고 선언할 수 있다. 존경받는 정치 지도자는 어떤 나라가 살인자들로 운영된다거나 그 나라를 상대로 전쟁을 벌여야 한다고 주장할 수 있다. 특별한 신뢰를 받는 변호사는 어떤 법률들이 헌법에 위배된다는 판단을 내릴 수 있다. 그런 때에 화자는 어쩌면 폭포 현상을 유발하거나 종식시키기에 충분한 이례적으로 큰 정보적 신호를 제공하게 된다. 2018년에 예일 대학교 경제학자 윌리엄 노드하우스William Nordhaus는 기후 변화에 관한 연구로 노벨상을 수상했다. 그리고 많은 사람은 노벨상 수상을 계기로 노드하우스의 명성이 증가하고, 이로써 기후 변화 문제에 대한 사람들의 관심도 높아지기를 희망했다.

이제 그 뒤를 뒤따르는, 즉 추종자들의 행동으로 눈을 돌려보자. 앞서 언급한 호르몬 치료의 예에서 의사들은 누구도 전임자들보다 많은 정보를 가졌다고 추정되거나 여겨지지 않는다. 하지만 대다수 사람은 적어도 자신이 많이 알고 있다고 생각한다. 그런 사람들이 전임자를 따를 가능성은 매우 적다. 그들이 전임자를 따를지 말지는 전임자의 정보량과 자신이 가진 개인적인 정보량을 비교한 결과에 따라 달라질 것이다. 그리고 이론상으로는 가장 많은 정보를 가진 사람이 대체로 폭포 현상을 무너뜨릴 것이고, 아마도 새롭고 더 나은 폭포 현상을 주도할 것이다. 이와 같은 일이 일어날지는 일탈적인 행위가 실제로는 많은 정보에 근거하고 있었다는 사실을 후임자들이 알거나 알지 못하는 것에, 또는 그렇게 믿거나 믿지 않는 것에 달려 있다. 혹시라도 그렇다면 가장 많은 정보를 가진 사람이 유행의 선도자로서 작용할 수 있을 것이다.

다음의 연구는 더 많은 정보를 가진 사람이 실제로 폭포 현상을 종식시킬 수 있는지를 실험하고자 했다.[20] 실험 방법은 앞에서 설명한 항아리 실험과 기본적으로 같지만, 동일한 판단(예컨대 두 번의 〈항아리 A〉라는 판단처럼)이 두 번 연속으로 반복되면 피실험자들에게 특별한 선택권이 주어진다는 점에서 차이가 있었다. 즉 피실험자들은 결정을 내리기 전에 한 번이 아닌 두 번의 뽑기를 진행할 수 있었다(따라서 더 많은 정보를 얻을 수 있었다). 피실험자가 두 번의 뽑기를 진행할 때마다 다른 피실험자들에게는 뽑기 결과가 고지되었다. 실험 결과를 간단히 요약하면, 이 〈파괴적인 방법〉은 실제로 폭포 현상을 감소시켰다. 그 결과 판단의 정확도 역시 상당히 개선되었다.[21]

하지만 이 방법이 완벽하게 통한 것은 아니었다. 경우에 따라서는 폭포 현상이 발견되기도 했다. 간혹 두 번의 뽑기 기회를 부여받아 서로 다른 공(흰 공 하나와 빨간 공 하나)을 뽑은 사람들이 폭포 현상을 깨뜨려야 한다는 생각에 잘못된 판단을 내리기도 했다. 아울러 주목할 만한 다소 충격적인 사실은 그들이 잘못된 또 하나의 폭포 현상을 만들어 냈다는 점이다. 아래 내용을 참고하라. 실험에 사용된 실제 항아리는 A였다.

	1	2	3	4	5	6
뽑기 결과	A	A	B, A	B	A	B
최종 판단	A	A	B	B	B	B

이와 같은 불편한 패턴은 의심할 여지없이 현실 세계와 유사점을 갖는다. 때때로 사람들은 자신의 정보가 모호한 경우에도, 그리고 대중을 따르는 것이 타당할 때조차 자신이 가진 정보에 과도한 무게를 둔다. 하지만 중요한 사실은 간단하다. 더 많은 정보를 가진 사람들이 다른 사람의 신호에 덜 영향을 받으며, 그들 스스로 많은 영향력을 갖는다는 점이다.

그러나 유행의 선도자들이 꼭 많은 정보를 가진 것은 아니거나, 그들이 다른 사람들의 눈에 실제보다 더 많은 정보나 지혜를 가진 것처럼 보이는 경우에는 어떨까? 우리는 폭포 현상을 주동하는, 예를 들면 다이어트나 백신, 비의료용 영양 보충제, 대체 의학, 경제 동향 등에 관한 자칭 전문가들을 상상해 볼 수 있다. 어쩌면 그들은 괴짜이거나, 제정신이 아니거나, 자기 선전가일 수 있을 것이다. 여기에서 문제는 그들의 관점이 마치 권위를 가진 것처럼 잘못 인식될 수 있다는 점이다. 특히 소셜 미디어에서는 그와 같은 일이 수시로 일어난다. 이로 인한 결과는 사람들을 실수하게 하거나, 심지어 질병이나 죽음으로 이끌기도 한다. 〈가짜 뉴스〉가 들불처럼 번지는 데 정보적 폭포 현상이 결정적인 역할을 하는 셈이다. 2017년과 2018년에 페이스북은 실제로 이 문제에 특별한 관심을 쏟았다. 그들의 플랫폼이 거짓의 빠른 전파 수단으로 자주 이용된 까닭이다.

사회는 어떻게 스스로를 보호할 수 있을까? 이 문제와 관련한 만병통치약은 없지만 잠재적인 해답은 존재한다. 사람들에게 이른바 진실이라는 것을 의심하도록 부추기는 훌륭한 제도적 환경이나 시민의 자유, 자유 시장, 훌륭한 사회 규범 등이 그것이다. 표현의 자유와 자유 시장이 존재하는 체제에서는 신뢰할 만하다고 추정되던 출처가 언제든 틀린 것으로 드러날 수 있다. 여기에 더해서 각각의 집단 내에서는 의사 결정 과정을 구조화함으로써 관련 위험을 줄일 수 있다. 이를테면 상대적으로 경험이 부족한 후임자들이 전임자들의 판단을 보면서 과도하게 영향받지 않도록 연공서열의 역순으로 투표를 진행할 수 있을 것이다. 이 방식은 미국 대법원이 실제로 행하고 있는 것이기도 하다.

소셜 미디어에서 거짓 뉴스가 확산되는 문제는 또 다른 별개의 문제들을 초래한다. 페이스북은 개선된 뉴스 피드가 문제 해결에 도움이 될 수 있다. 해롭거나 의도적인 거짓말이 확산될 가능성을 줄여 줄 수 있기 때문이다. (페이스북은 이 같은 목표를 촉진하고자 다양한 실험을 이어 가는 중이다.) 트위터 또한 유해한 거짓말이 빠르게 유포되지 못하도록 고안된 다양한 계획을 실험하고 있다. 특정한 종류의 거짓말을 배제할지 말지는 충분히 고민할 가치가 있다. 하지만 우리는 여기에서 소셜 미디어를 어떻게 개선할지에 대해서 다루지 않을 것이다.[22] 한 가지 분명한 사실은 정보적 폭포 현상의 이면에 존재하는 메커니즘에 대한 이해가 어째서 소셜 미디어가 민주주의에 그토록 큰 해를 끼칠 수 있는지 밝히는 데 도움이 된다는 점이다.

다수결의 원칙: 개인보다 집단의 정답에 보상하라

개인이 아닌 집단 내 다수의 정답에 보상하는 제도는 폭포 현상이 발현하는 데 어떤 영향을 미칠까? 항아리 실험을 변형한 한 흥미로운 실험에서 피실험자들은 다수결의 원칙이 적용되는 집단 결정에 근거해서 올바른 집단 결정을 내리는 경우에는 보상으로 2달러를 지급받았고, 잘못된 집단 결정을 내리는 경우에는 벌금으로 2달러를 지불했다.[23] 개인적으로 올바른 결정을 내렸을 때는 아무런 보상이나 벌금도 주어지지 않았다.

결과는 전체 실험 횟수 중 39퍼센트만 폭포 현상을 보이는 것으로 나타났다. 사람들의 발표가 개인적인 뽑기 결과와 일치하는 경우는 92퍼센트였다.[24] 그리고 사람들이 개인적인 신호를 있는 그대로 밝힌 덕분에 다수결의 원칙은 충분한 정보에 기초한 판단 — 사람들이 조직 내의 모든 사적인 정보를 어떻게든 알 수 있을 때 도달할 수 있는 결과물 — 이 크게 증가하는 결과를 가져왔다. 이와 같은 실험 결과를 이해하는 한 가지 간단한 방법은 주어진 집단이 다수의 구성원을 보유하고 있으며, 각각의 구성원들이 개인적인 뽑기 결과와 일치하는 발표를 한다고 가정하는 것이다. 통계적인 측면에서 다수의 의견은 옳을 가능성이 압도적으로 높다. 다음은 하나의 예로써 관련한

다수결의 원칙 실험 결과를 보여 준다(실험에 사용된 실제 항아리는 A였다).[25]

	1	2	3	4	5	6	7	8	9
뽑기 결과	A	A	A	A	B	A	A	A	B
최종 판단	A	A	A	A	B	A	A	A	B

다수결의 원칙을 적용할 때 폭포 현상에 의한 행동이 크게 감소한 원인은 무엇일까? 답은 각각의 개인들이 아무리 옳은 결정을 내리더라도 아무것도 얻을 수 없으며, 올바른 집단 결정을 내려야만 보상받을 수 있다는 사실을 알고 있는 것에 있다. 각자의 뽑기 결과를 사실대로 정확히 이야기하는 것은 결과적으로 그들의 이익에도 부합한다. 모든 사람이 사실대로 뽑기 결과를 밝힐 때 올바른 집단 결정이 도출될 가능성이 가장 높기 때문이다. 이 실험 결과는 집단이나 조직을 어떻게 구조화해야 하는지에 대해서 많은 것을 암시한다.

다수결의 원칙이 더 나은 결과를 만들어 내는 데 미치는 효과를 설명하기 위해 올바른 집단 결정을 내림으로써 보상받는 경우에 사람들이 이타적으로 변한다거나 개인적인 이익에 덜 연연하게 된다는 부분은 굳이 언급할 필요도 없거니와, 설령 언급하더라도 그다지 도움이 되지 않는다는 점에 주목할 필요가 있다. 개인적인 이익은 오히려 사람들이 보여 주는 행동과 관련해서 충분히 타당한 설명을 제공한다. 이를테면 개인적인 입장에서 피실험자는 자신이 다른 피실험자들에게 정확한 신호를 제공하고 있는지에 대해 전혀 관심을 기울이지 않을 것이며, 이는 지극히 합리적이다. 그 신호가 좋은 쪽으로든 나쁜 쪽으로든 다른 사람들에게 영향을 미치겠지만, 자신의 보상 획득 가능성에는 아무런 영향을 미치지 않는 일종의 〈정보적 외부 효과〉이기 때문이다. 자신의 개인적인 신호가 다른 피실험자들을 오도하든 말든 해당 피실험자는 신경 쓸 이유가 없는 셈이다.

하지만 정확한 집단 결정을 내림으로써 보상받는 다수결의 원칙에서 피실험자는 정확한 신호를 생산하기 위해 많은 신경을 써야 한다. 부정확한 신호가 늘어날수록 집단이 올바른 결정을 내릴 가능성이 줄어들 것이기 때문이다. 그리고 이런 상황에서 피실험자들은 〈자신의 결정이 집단에 유용한 신호를 제공하는 경우를 제외하고는〉 개인적인 결정이 정확한지 아닌지를 신경 쓸 필요가 없다. 따라서 사람들이 올바른 집단 결정을 내림으로써 보상받는 경우에 폭포 현상은 감소하고 올바른 판단은 증가할 것이다.

바로 여기에 전체적인 핵심이 있다. 그럴듯한 전제 하에서 폭포 현상에 동참하는 행위는 대다수 사람의 입장에서 볼 때 완전히 합리적이다. 폭포 현상에 동조하는 참여자들은 자신의 행동이 다른 사람들에게 도움이 되지 않거나(개인적으로 보유한 정보를 공개하지 않음으로써) 또는 다른 사람들에게 명백히 해를 끼치는(그들에게 잘못된 신호를 제공함으로써) 경우에도 자신의 이익을 도모한다. 이 주장은 사람들이 위와 같은 문제를 바로잡고자 노력하는 때에도, 동조 행위가 그에 상응하는 보상을 제공하지 못하는 때에도 여전히 유효하다. 반면에 그럴듯한 전제하에서 자신이 가진 정보를 공개하거나 그 정보에 따라 행동하는 것은 설령 그런 공개나 행동이 다른 사람들에게 실질적으로 도움이 된다고 하더라도 합리적이지 않다. 예를 들어, 다른 사람들이 자녀에게 백신을 접종하지 않기로 한 결정에 확신을 가지고 있음이 틀림없다고 생각되는 경우에 당신은 (자신이 알고 있는 사실에 비추어 보았을 때 그 사람들의 결정에 대체로 동조하지 않음에도) 어쩌면 순순히 그들의 선례를 따르면서 전혀 의심의 목소리를 내지 않을 수도 있다.

결론은 자신이 가진 개인적인 정보를 공개하는 반대자들에게 목소리를 높이도록 독려할 필요가 있다는 것이다. 다른 어떤 이유보다 그들을 바라보는 사람들에게 그들이 도움 되기 때문이다. 이 같은 주장은 많은 조직에도 그대로 적용된다. 이런 주장을 법원에서 일어날 수 있는 폭포 현상의 위험과 연결시켜 보면, 다수결에 따른 결정이 비판적인 조사를 받게 될 가능성을 증가시킨다는 점에서 우리에게는 사법 재판 과정에서 등장하는 반대 의견에 귀를 기울여야 할 또 다른 이유가 존재하는 셈이다. 여기에서 주목해야 할 점은 미국 대법원만 놓고 따지더라도 반대 의견은 자주 법이 되어 왔으며, 실제로 130건이 넘는 경우에서 법이 되었다는 사실이다. 이 이야기는 나중에 다시 다룰 예정이다.

앞의 주장은 적절한 제도적 환경에도 영향을 미친다. 집단에 정보를 공개하도록 개인에게 동기를 부여하는 시스템은 좀 더 나은 결과를 만들 가능성이 높은 까닭이다. 그러므로 개인이 집단의 결정에 따라 자신의 행복이 촉진될 거라는 (또는 촉진되지 않을 거라는) 사실을 안다는 점에서 다수결의 원칙 제도는 상당한 장점을 갖는다. 잘 작동하는 공공 기관이나 민간 기관은 이와 같은 이해를 바탕으로 이득을 취할 가능성이 높다. 같은 맥락에서 우리는 시민의 본질적인 책임과 관련해서 제안도 할 수 있다. 어떤 의심이 드는 상황에서 시민들은 군중의 의견에 따르기보다 자신의 개인적인 신호를 공개해야 할 것이다. 어쩌면 반(反)직관적이게도 이런 종류의 행동은 문제를 바로잡고자 하는 개인의 관점에서는 최적의 행동이 아닐 수 있지만, 모든 관련 정보를 활용하고자 하는 집단이나 국가의 관점에서는 최선의 행동일 수 있다.

여기서 약간 구분을 둘 필요가 있다. 항아리 실험을 바탕으로 다수결의 원칙에 따라 보상을 제공한 변형 실험은 사람들에게 개인이 가진 정확한 정보를 공개하도록 동기를 제공한다. 그 정보는 집단에 유익한 정보인 동시에, 사람들이 개인적으로 올바른 결정을 내림으로써 보상받을 때는 드러나지 않는 정보이기도 하다. 정확한 정보의 완전한 공개는 제도를 설계하는 사람들에게 중요한 목표이다. 그런데도 실험은 사람들의 의견이 항상 엇갈린다거나, 심지어 그들이 늘 자신의 생각을 있는 그대로 이야기하는 것이 집단에 유리하다고 암시하지 않는다. 『벌거벗은 임금님』에 나오는 문제의 소년은 회의론자나 불평가가 아니다. 특별한 유형의 반대자이다. 자신이 실제로 가진 정보를 공개한 공개자이다. 다수결의 원칙에 따라 보상을 제공한 변형된 항아리 실험은 피실험자들에게 그 소년처럼 행동하도록 격려한다.

한편으로 우리는 다른 종류의 사람들을 상상해 볼 수

있다. 무조건 다른 사람들과 의견을 달리함으로써 자신이 금전적으로나 그 밖의 방식으로 보상받게 될 거로 생각하는, 이른바 〈역행자〉이다. 우리가 역행자를 찬양할 이유는 없다. 많은 경우에 역행자들은 집단에 아무런 도움이 되지 않는다. 역행자들이 그처럼 인식되는 경우에 그들이 제공하는 신호는 단지 시끄럽기만 할 뿐 그다지 많은 정보를 제공하지 못한다. 반면에 그처럼 인식되지 않는 경우에는 자주 정확하지 않은 정보를 제공한다. 그들이 정보 공개자이기보다 역행자인 까닭이다. 바로 이런 이유 때문에 그들은 집단이 올바른 결정을 도출하는 데 아무런 도움이 되지 않는다. 우리는 또 다른 변형된 항아리 실험을 상상해 볼 수 있다. 해당 실험에서는 역행자 역할을 맡은 공모자가 주기적으로 전임자의 발표 내용과 상반되는 의견을 피력한다. 충분히 예측 가능한 대로 그러한 행위는 폭포 현상을 줄일 수는 있지만, 개인이나 집단의 실수를 줄이지는 못한다. 오히려 실수가 늘어날 것이다.

　만약 그렇다면 정보 공개자인 반대자들은 적어도 그들이 당면 문제에 대해서 어떤 중요한 사실을 공개하고 있는 한 존중되어야 한다. 반면에 역행자인 반대자들은 기껏해야 은총이자 저주일 뿐이다. 또한 우리는 다른 사람들이 놓친 어떤 사실을 드러내 보이는 것이 아니라 애초에 언급되지 않았더라면 집단 토론에서도 논의되지 않았을 어떤 견해를 단순히 진술하는 반대자들도 상상해 볼 수 있다. 그런 반대자들은 대규모 이민이 경제 성장을 앞당긴다거나, 동물에게도 권리가 있다거나, 학교에서 기도하는 것을 허락해야 한다거나, 사형을 금지해야 한다고 주장할 것이다. 정치와 법 영역에서 폭포 현상과 관련된 행위는 일반적으로 사람들을 개별적인 어떤 사실보다 관점에 침묵하도록 만든다. 집단이 관련 사실을 필요로 하는 것은 명백하다. 하지만 개개인의 사적인 견해에 대해서도 집단이 알아야 할 필요가 있을까?

당연하다. 그리고 여기에는 두 가지 이유가 있다. 첫 번째 이유는 그런 견해들이 독립적인 관심에서 비롯된 것이기 때문이다. 만약 대다수 사람이 학교에서 기도하는 것에 찬성하거나, 사형이 도덕적으로 용납될 수 없다고 생각한다면 그와 같은 사실을 아는 것은 중요하다. 다른 조건은 모두 동일한 상태에서 개인이나 정부는 동료 시민들이 정말로 무슨 생각을 하는지 알 때 더 나은 행동을 보여 줄 수 있다. 두 번째 이유는 반대 의견을 피력하는 사람들의 주장이 타당할 수 있기 때문이다. 그들의 주장은 결국 관련 사실을 어떻게 판단하느냐에 따라 달라질 수 있다. 즉 순전히 규범적인 주장에 따라 달라질 수 있다는 것이다. 동조하거나, 폭포 현상의 영향을 받거나, 독자적으로 판단하는 사람들이 그런 주장에 귀를 기울이는 것은 중요하다. 이것이 탁월한 밀 연구의 핵심이며,[26] 이 주제에 대해서는 조만간 다시 다룰 예정이다.

미국 연방 법원의 일부 판사들은 많은 경우에 개인적으로는 동의하지 않더라도 다수에 합류함으로써 〈의견 일치를 위한 노력〉을 제공한다고 말한다. 이런 판사들은 그들의 실제 견해에 대해서, 그리고 매우 높은 확률로 그들의 향후 찬반 의사 표시에 대해서 잘못된 신호를 제공한다. 비단 연방 법원들만 그런 것이 아니다. 기업이나 국회, 심지어 백악관의 많은 사람이 〈의견 일치를 위한 노력〉을 제공한다. 나는 버락 오바마 대통령 당시에 대통령실에서 일할 기회가 있었고, 몇 차례 〈의견 일치를 위한 노력〉의 현장을 목격했다. 상황이 최선으로 풀렸을 때 사람들은 그들이 생각하는 바를 드러냈다.

흔히 있는 일이지만, 사람들이 대체로 옳은 결정을 내렸을 때는 물론이고 다른 사람들의 행동에 동조했을 때도 대체로 보상받는다고 가정해 보라. 보상은 더 많은 현금이나 높은 승진 가능성처럼 물질적인 형태이거나 폭넓고 만족스러운 인간 관계처럼 비물질적인 형태일 수 있다. 현실 세계에서 사람들은 일반적으로 동조하지 않음으로써 불이익을 당하고, 동조함으로써 보상받는다. 지도자나 다수의 견해에 반대하는 사람들은 아마도 자신들이 승진 가능성은 낮은 반면에, 미움받을 가능성은 높다는 사실을 알 것이다. 조직이나 집단, 정부 기관 등은 대체로 조화를 중시하는데 비동조자들은 부조화를 가져오는 경향이 있다. 때로는 옳은 결정을 내리는 것보다 〈팀〉의 일원이 되는 것이 더 중요하다. 〈때때로 문화 집단들은 고유한 문화 전달 메커니즘이 집단 내에서 적응 가능한 진화 과정을 생성하기 위해 필요로 하는 개인적인 차이나 혁신,《실수》를 심각하게 억압하는 매우 높은 수준의 규범을 강요하기도 한다.〉[27]

잠재적인 결과는 명백하다. 동조하는 사람들에게 보상이 주어진다면 폭포 현상과 관련된 행동은 증가할 것이다. 옳은 결정을 내리고자 하는 동기가 다른 사람들과 똑같이 행동하고자 하는 동기로 강화되거나 대체되기 때문이다. 그 효력의 크기는 동조하고자 하는 동기의 크기에 따라 달라질 것이다. 그런데도 동기가 명확할 때마다 사람들이 자신의 개인적인 정보를 무시하고 다른 사람들을 따를 가능성은 더욱 높다. 한편 사람들이 다른 사람들을 따름으로써 불이익을 당하거나, 독립성을 유지함으로써 보상받게 된다면 결과는 반대로 나타날 수 있다. 그런 경우에 폭포 현상과 관련된 행동은 줄어들거나 사라질 것이다. 나는 지금 다른 사람들에게 동조하도록 부추기는 동기에 대해 강조하고 있지만, 상황에 따라서는 독립성이 더 중요할 수도 있다. 아래에서는 그와 같은 가능성에 대해서 이야기하고자 한다.

동조함으로써 보상을 받는다면 〈이목을 끌고, 개인 정보가 노출되고, 보복 차원에서 고립되기 쉽다는 점에서 특히 높은 비용을 부담해야 하는〉 초기의 정보 공개자와 반대자에게는 특히 문제가 심각하다.[28] 게다가 초기 반대자들을 성공적으로 단념시키고 나면 이후로는 좀처럼 반대 의견이 등장하지 않을 가능성도 높다. 독재 정부는 이런 사실을 잘 알고 있으며, 그래서 반대 의견을 아예 싹부터 제거하려고 든다. 하지만 정보 공개자나 반대자의 수가 일정 수준에 도달한 이후에는 대대적인 행동 변화를 불러오는 변환점이 생길 수 있다.[29] 실제로 단 한 명의 정보 공개자나 회의론자도 얼마든지 신화를 산산조각 내는 일련의 사건을 일으킬 수 있을 것이다.

『벌거벗은 임금님』이야기로 돌아가 보자. 〈딱히 중요한 일이 없고 눈에 보이는 대로 세상을 보는 소년은 마차로 다가갔다. 그리고 《임금님이 벌거벗었다》라고 말했다. 그 소년의 말은 주변에 있던 구경꾼들에게도 들렸고,

마침내 모든 사람이 《저 소년의 말이 맞아! 임금님은 벌거벗었어! 맞는 말이야!》라고 외칠 때까지 반복되었다.》[30] 이 이야기의 힘은 일상생활의 친숙함에서 비롯된다. 우리 모두는 누군가는 임금님이 벌거벗었다고 말하거나, 누군가는 그렇게 말할 수도 있었거나, 그렇게 말했어야 하는 상황들을 보아 왔다. 문제는 초기 정보 공개자가 사회적인 또는 법적인 제재를 받으면 그런 일을 벌이기가 매우 어렵다는 것이다.

여기에서 우리는 어쩌면 무시되었을지 모를 정보와 견해를 다른 사람들에게 전달하는 중요한 기능을 수행한다는 점에서 잠재적으로 유익한 부적응자나 불평가의 역할을 짐작해 볼 수 있다. 문화 발전을 저해하는 유해한 장애물들이 〈본받아야 할 사람들 목록에서 귀중한 혁신가나 실험가, 실수하는 누군가를 탈락시키는 사회 구조〉에서 비롯된다는 주장에 대해 생각해 보라.[31] 앞서 언급된 자질은, 이른바 불평가들이 실수를 줄이지는 못하더라도 폭포 현상을 감소시키는 데 도움이 될 수 있음을 의미한다.

동조에 관한 이 같은 고찰은 앞에서 언급된 항아리 실험을 바탕으로 한 기발한 변형 실험으로 뒷받침된다.[32] 해당 실험에서 사람들은 올바른 결정을 내리면 25센트를 받았고, 집단 내 다수의 결정과 일치하는 결정을 내리면

75센트를 받았다. 틀린 답이나 다수와 일치하지 않는 답을 말하는 경우에는 불이익도 있었다. 틀린 결정을 내리는 경우에는 25센트를 잃었고, 집단의 결정과 일치하지 않는 결정을 내리는 경우에는 75센트를 잃었다.

이 실험에서는 거의 매번 폭포 현상이 나타났다. 전체 실험 횟수 중 96.7퍼센트 이상이 폭포 현상으로 이어졌으며, 피실험자들의 발표 중 35.3퍼센트가 발표자 본인의 개인적인 신호, 즉 뽑기를 통해 자신에게 주어진 신호와 일치하지 않았다. 그리고 뒷사람의 뽑기 결과와 앞사람의 발표가 다른 경우에 72.2퍼센트의 사람들이 앞선 발표 내용과 일치시켰다. 극적인 예로 다음의 실험 결과를 참고하라(해당 회차의 실험에서 실제로 사용된 항아리는 B였다).[33]

	1	2	3	4	5	6	7	8	9	10
뽑기 결과	A	B	B	B	A	B	B	B	A	B
최종 판단	A	A	A	A	A	A	A	A	A	A

앞의 실험이 주는 교훈은 동조할 때 보상하고, 일탈할 때 불이익을 부과하는 제도가 잘못된 결정을 더욱 부추기고 개인적으로 보유한 정보에 대한 공개를 위축시킬 가능성이 매우 높다는 것이다. 여기에는 감정이나 우정, 연대감 등으로 묶인 집단들의 심각한 실수가 자행된다는

앞선 주장도 관련이 있다. 그런 집단에서는 보편적으로 유지되는 해당 집단의 규범에 위배될지 모른다는 두려움 때문에 반대 의견이나 반론을 진술하려는 구성원들의 의지가 부족하거나 아예 없기가 쉽다. 반면에 폭포 현상과 잘못된 결정이 발생할 가능성은 매우 높을 것이다. 앞서 언급한 투자 클럽의 예를 떠올려 보라. 여기에서 우리는 감정적인 유대를 바탕으로 하는 조직이 반대 의견을 억압하고 개인적인 정보와 생각에 대한 공개를 최소화할 가능성이 높다는 것을 알 수 있다. 일부 종교 및 정치 단체들이 명백한 예이다. 사회적 파괴력을 갖는 동조 규범은 자신의 개인적인 정보를 무시한 채 다른 사람의 말과 행동을 따르고자 하는 사람들의 성향을 부채질한다.

실수를 피하고 싶은 조직은 개인적인 신호 공개에 환영하는 입장을 분명히 해야 한다. 그렇게 하는 것이 조직에 이득이기 때문이다. 이러한 주장은 제대로 기능하는 사회 대부분에서 다수의 의견에 동조하는 것이 시민의 의무처럼 여겨진다는 점에서 어쩌면 반직관적으로 보일 수 있을 것이다. 내가 여기에서 이야기하고자 하는 것은 사회적 관점에서 보았을 때 만약에 옳고 그름이 가장 중요하다면 그에 따라 행동하는 것이 낫고, 만약에 올바른 집단 결정이 가장 중요하다면 그 또한 그에 따라 행동하는 것이 낫다는 것이다.

　물론 규범적인 문제들이 항상 간단한 것은 아니다. 집단 구성원들에게 감정이나 연대감에 의한 유대는 일반적으로 중요하며, 사람들은 대체로 반대 의견이나 의견 차이를 좋아하지 않는다. 어쩌면 유의미한 집단이나 조직의 진정한 효용은 좋은 성과를 내는 것이 아니라 낙관적인 전망과 원만한 인간관계를 발전시키는 것일 수 있다. 동조자들은 논쟁에서 비롯되는 말썽을 피할 수 있지만, 그 대가로 많은 경우에 좋은 성과를 희생한다. 반면에 반대자들은 논쟁을 가중시키는 경향이 있지만, 동시에 더 나은 성과를 이끌어 내기도 한다.

　추상적으로 다양한 재화 사이에서 절충점을 찾기란 쉽지 않다. 모든 것은 집단의 목표 — 그 집단이 극대화하고자 하는 것이 무엇인지 — 에 달려 있다. 유일한 목표가 올바른 결정을 도출하는 것이면 집단은 정보 공개자들과 반대자들을 격려할 필요가 있다. 반면에 구성원들의 가장 중요한 목표가 사회적 유대를 유지하고 발전시키는 것이거나, 어떤 과제를 수행하기보다 즐거운 시간을 보내는 것이라면 적어도 비동조자들은 긴장과 대립을 불러온다는 점에서 동조는 아무런 문제가 되지 않을 수 있다. 전시 상황에서 직면할 수 있는 반대 문제를 생각해 보라. 전쟁을 수행해야 하는 사람들로서는 시민들이 실제로 어떤 생각을 가졌는지 아는 것은 중요하며, 실질적인 실수나 잠재적인 실수에 대해서 파악하고 있는 것 또한 중요하다. 하지만 전시에는 시민들이 일정 수준의 연대감을 갖는 것도 마찬가지로 중요하다.

대체로 낙관적인 태도를 유지하고, 자신들이 공동의 노력에 연루되었다고 믿는 것 역시 중요하다. 이러한 믿음은 어쩌면 성공에 위협이 될지 모를 집단 행동 문제를 해결하는 데 도움이 될 수 있다. 어떤 형태의 반대는 실수를 바로잡는 반면에, 사회적인 유대를 약화시킬 수 있다. 물론 표현의 자유는 당연히 보장되어야 할 원칙이지만 이같은 딜레마에 대한 간단한 해결책은 존재하지 않는다. 우리는 반대하는 성향을 가진 사람들이 과연 자신의 견해를 표출함으로써 혼란을 초래할 가치가 있는지 스스로 판단해야 한다는 사실에 주목할 따름이다.

특히 — 꼭 그런 것은 아니지만 — 단순한 불평가인 경우에 반대자들도 틀릴 수 있으며, 그들은 여기에서 논의된 것과 동일한 과정을 통해 오류를 확산시킬 수 있다. 어쩌면 가짜 뉴스의 원흉이 될 수도 있을 것이다. 하지만 지금까지의 논의 중 어떠한 것도 동조와 폭포 현상이 그정도로 나쁘다고 암시하지 않는다. 다만 근본적인 메커니즘이 사람들로 하여금 그들이 알거나 생각하는 것을 드러내지 않도록 할 가능성이 높고, 이로 인한 정보 공개의 실패가 사회적 손실을 초래할 수 있다고 암시하는 정도였다. 예를 들어, 과제가 특히 난해하고 실험자가 정답으로 무장한 자신감 넘치는 공모자들을 동원한다면, 정보적 영향과 평판적 영향이 독립성보다 더 적은 실수를 초래하는 실험을 설계하기란 별로 어렵지 않을 것이다. 전문가들이 권위를 갖고 사람들이 그들의 말에 주의를 기울이는 이유는 일반적으로 그런 경로를 통해 오류가 최소화되기 때문이다. 하지만 전문가들을 비롯한 사람들이 평판의 영향을 받는 한 평판적인 영향은 그들이 실제로 아는 것을 공개하지 않도록 만들 수 있는 심각한 위험을 수반한다. 평판적 영향은 동조 실험에서 가장 골치 아픈 요소 중 하나이다.

침묵이 금(金)인 순간

지금까지 나는 정보 공개가 집단의 이익과 부합하는 사례들에 집중해 왔다. 하지만 이런 논의는 그 집단의 구성원들이 아는 것을 세상에 공개하고 이야기하는 순간에 정반대의 가능성을 암시하기도 한다.[34] 비밀 유지가 꼭 필요한 경우도 있을 수 있기 때문이다. 집단 구성원들이 곤란하거나 어쩌면 더 심각할 수 있는 정보를 공개하는 것은 그 자체로 경쟁자나 적에게 도움을 주는 셈일 수 있다. 또한 집단 내에서 향후 솔직한 논의가 이루어지기 어려울 수 있다. 이제는 논의 과정에서 나온 말이 언제든 외부에 공개될 수 있음을 모든 사람이 알기 때문이다. 〈유출〉을 금지하는 강력한 규범은 자연스러운 구제 수단이다. 여기에 더해서 일부 집단 구성원들이 부정행위에 연루된 경우에 해당 사실을 공개하는 것은 집단 내 많은 구성원에게 상처가 될 수 있다.

비밀 유지와 별개로 직장에서 회의에 한 번이라도 참석해 본 사람이라면 누구나 발표자 중 어느 한 사람이 시간을 많이 쓰면 쓸수록 그로 인한 부담은 다른 사람들에게 전가되고, 그렇게 주어진 혜택은 오롯이 해당 발표자의 몫이 된다는 것을 알 것이다. 이 불행한 사태는 결국 지나치게 긴 회의로 이어진다. 똑같은 문제가 입법부나 사법부 내에서 진행되는 토론을 괴롭히기도 한다. 침묵이나 비공식적인 시간 제한과 같은 집단 규범에 대한 동조는 매우 중요할 수 있다.

내가 강조하는 문제 — 대중에게 이득이 될 올바른 정보가 공개되지 못하는 문제 — 가 예컨대 공개가 아닌 침묵이 집단의 이익에 부합하는 많은 사례에서 제기되는 문제들과 매우 비슷하다는 사실을 인정할 필요가 있다. 만약 정보가 공개되는 과정에서 부정확한 정보가 확산된다면, 특히 그로 인해 이전에 내려진 결정의 유익한 효과가 무산되거나 부정확한 정보의 확산이 그 자체로 하나의 폭포 현상으로 발전한다면(가짜 뉴스가 확산되는 과정을 떠올려 보라) 정보 공개는 오히려 도움이 되지 않는다. 나는 정보 공개의 실패에 초점을 맞추고 있다. 따라서 침묵이 금인 상황들에 대한 기본적인 분석이 여기에서의 분석과 별로 다르지 않다는 점만 지적하면서 그 이상으로 관심을 기울이지 않을 것이다.[35]

동조 실험 자체는 예측 가능한 결과를 바탕으로 매우 다양하게 변형될 수 있다. 금전적인 보상이 오로지 동조를 위한 것인 경우에 폭포 현상과 관련된 행동은 증가할 것이다. 같은 맥락에서 75센트라는 보상이 반으로 줄어든다면 폭포 현상과 관련된 행동은 감소할 것이다. 물론 이런 조건들이 혼합된 시스템도 상상해 볼 수 있다. 집단 내다수가 올바른 결정에 도달했을 때도 보상을 제공하지만, 동조자에게는 보상을 제공하고 비동조자에게는 불이익을 부과하는 다수결의 원칙 시스템이 대표적이다. 그렇다면 이런 경우에도 폭포 현상이 나타날 수 있을까?

답은 동기와 관련된 두 가지 조건의 크기에 달려 있

다. 집단 결정의 정확도가 개개인의 행복에 지대한 영향을 미친다면 — 결과가 좋게 나왔을 때 그들의 삶이 훨씬 나아진다면 — 폭포 현상이 일어날 가능성은 낮다. 하지만 최종적인 결과가 거의 아무런 영향을 미치지 않을뿐더러 동조가 높은 보상을 제공한다면 폭포 현상은 피할 수 없다. 다수의 올바른 결정에 2달러의 보상이 주어지고, 동조에 25센트의 보상이 주어지는 시스템은 다수의 올바른 결정에 25센트의 보상이 지급되고, 동조에 2달러의 보상이 주어지는 시스템과 다른 (그리고 훨씬 나은) 결과를 만들어 낼 것이다.

현실 세계의 다양한 집단과 민주주의는 이런 보상과 관련하여 무수히 많은 변형된 조합을 제공하며 보상이 매우 불확실할 때도 많다. 즉 사람들은 보상이 무엇인지 모를 때가 많고 보상을 정량화하는 데 어려움을 겪는다. 그러나 동조 압박이 실제로 소극적인 정보 공개를 낳는다는 사실은 의심할 여지가 없다. 수많은 라임병 진단에 문제를 제기한 한 의학 연구자의 말을 생각해 볼 필요가 있다. 〈의사들은 더 이상 자신의 생각을 말할 수 없다. (……) 혹시라도 누군가가 나의 이런 생각을 인용한다면 나는 죽은 것이나 다름없다.〉[36] 갱 단원들은 개별적으로 면담하는 경우에 그들의 반사회적인 행동에 상당한 불만을 토로한다.

하지만 정작 자신의 행동은 전적인 헌신을 암시하며 대부분의 사람이 자신의 행동을 인정한다는 만연된 믿음으로 이어진다.[37] 광우병으로 제기된 건강 위협에 공개적으로 이의를 제기한 한 사회학자의 발언도 참고하라. 그는 공개적으로 이와 같은 의문을 제기하고 나면 〈자신이 소아 성애자처럼 느껴지게 될 것이다〉라고 넌지시 말했다.[38]

알렉시 드 토크빌Alexis de Tocqueville은 18세기 중반에 나타난 프랑스 교회의 쇠퇴 현상에 대해 다음과 같이 설명했다. 〈교회의 교리에 대한 믿음을 가진 사람들은…… 실수보다 고립을 두려워하면서 다수의 감정을 공유하는 척했다. 그 결과 사실상 단지 일부 국민의 의견에 불과한 어떤 것이…… 모든 사람의 의사인 것처럼 여겨졌고, 심지어 같은 이유로 애초에 사실을 그렇게 포장한 사람들이 보기에도 불가항력적인 어떤 것처럼 보이게 되었다.〉[39] 또 다른 끔찍한 예도 있다. 보스니아 전쟁 당시에 모스타르 출신의 한 살인마는 그가 피해자들을 악마라고 확신했기 때문에 살인을 저지른 것이 아니라고 암시한다. 오히려 희생자 중 상당수는 그의 예전 지인들이었다. 그는 세르비아 공통체의 일원으로 남으려면 그렇게 할 수밖에 없었다고 설명했다.[40]

마지막으로 한 가지 불편한 사실을 이야기하자면, 지

금까지 논의된 환경에서 반대자들은 위험을 감수했고 비동조자들은 불이익을 당했다. 내가 시종일관 강조하고자 하는 것 또한 바로 이러한 부분이다. 하지만 경우에 따라서는 반대자들도 자신의 보상 전망을 개선하고자 할 수 있으며, 그들의 반대는 이와 같은 목적을 달성하기 위한 합리적인 방법일 수 있다. 반대자들도 이기적일 수 있으며, 그들의 정체된 경력에 박차를 가하고자 할 수 있다는 뜻이다. 사실상 늘 있는 일이다. 예컨대 웹 사이트를 운영하는 사람은 인습 타파적이거나 제멋대로인 견해를 제시함으로써 인기를 얻을 수 있다. 정치적 반대자는 만연한 어떤 관행에 문제를 제기함으로써 때때로 더 유명해지고 큰 성공을 거머쥘 수 있다. 세간의 이목이 집중된 사건에서 이견을 제시하는 판사들은 자신의 명성이 손상되는 것을 그렇게 두려워하지 않는다. 어쩌면 그들은 이견을 제시함으로써 자신에게 오히려 도움이 될 거라고 생각할 수 있을 것이다.

국가가 광범위한 가치와 신념으로 무장한 수많은 공동체로 구성되어 있다는 점을 고려하면 이러한 특징은 더욱 강화된다. 대중적인 반대자들은 한 집단에서 평판을 잃을 수 있지만, 동시에 다른 집단에서 평판을 얻을 수도 있다. 아마도 그들은 라디오 쇼나 페이스북, 트위터 등에서 〈나를 보시오!〉라고 말할 것이다. 그리고 사람들의 시선이 몰리면 자신에게 중요한 어떤 부분에서 진전을 이루어 낼 것이다. 물론 어떤 사람들은 정확히 자신이 생각하는 것을 말하고 실행하면서 평판에 대해서는 별로 신경을 쓰지 않기도 한다. 단지 정보를 보태고자 할 뿐이다. 그들은 대의명분을 가진 저항자들이다.

이제 나의 주된 관심사로 돌아가자. 너무나 많은 경우에 사람들은 다른 관련자들의 좋은 평가를 잃고 싶어 하지 않으며, 그들의 욕심은 결국 일반인들이 얻는 정보의 감소로 이어진다. 정보 외에도 사람들은 선호도와 가치관을 가지고 있다. 이를테면 그들은 새로운 이민자들이 환영받아야 한다고 생각할 수 있다. 동물에게도 권리가 있다고 생각할 수 있다. 하지만 둘 중 어느 경우에도 사람들은 자신의 생각을 드러내지 않을 가능성이 높다. 물론 동조 압박 때문이다. 나는 민주주의를 실천하는 측면에서 이 부분이 문제라고 내내 주장해 왔다. 자신이 무엇을 원하고, 무엇을 중요하게 생각하는지 공개하는 것은 중요하다. 항아리 실험에서 나타난 것과 같은 기본적인 실험 결과는 사실을 다루는 문제뿐 아니라 선호도와 가치관과 관련해서도 똑같이 적용된다. 즉 동조에 대한 보상은 겉으로 보이는(실제가 아닌) 합의의 수준을 크게 끌어올릴 것이다.

이 같은 특징은 어째서 〈평이 좋지 않거나 제대로 기능하지 않는 규범들이 침묵하는 수많은 반대자의 존재에도 불구하고 살아남는지〉를 설명하는 데 도움을 준다.[41] 타인의 분노를 두려워하는 사람들은 자신이 개인적으로 몹시 싫어하는 관행이나 가치관에 대해 아마도 공개적으로 이의를 제기하지 않을 것이다. 성희롱 관행은 성희롱이라는 개념이 등장하기 훨씬 이전부터 존재했으며, 무수한 피해 여성 가운데 어느 누구도 성희롱을 좋아하지 않았다. 그런데도 너무나 많은 경우에 그들은 침묵했는데 그 이유 중 하나는 공개적으로 문제를 제기했을 때 뒤따라올 결과가 두려웠기 때문이다. 위해를 초래하는 것으로 알려져 있음에도 불구하고 대부분의 피해자가 공개적으로 문제를 제기할 경우에 오히려 자신들이 고통받게 될 거라고 생각하는 까닭에 오늘날에도 여전히 존속되고 있는 많은 관행이 대체로 동일한 범주로 분류될 수 있다는 점을 생각하면 참 공교롭다.

평판적 폭포 현상

동조 압박이 심각할 정도로 영향력을 갖는 경우에 우리는 정보적 폭포 현상과 유사한 평판적 폭포 현상이 작용하고 있음을 알 수 있다.[42] 평판적 폭포 현상의 영향을 받는 사람들은 무엇이 옳은지 또는 무엇이 옳을 가능성이 높은지를 자신이 안다고 생각하지만, 정작 실제 행동은 군중을 따라간다. 심지어 지극히 자신감이 넘치는 사람들도 때때로 평판적 폭포 현상의 희생물이 되기도 하며, 그 과정에서 스스로 침묵하기도 한다. 동조 행위에 보상을 제공하는 변형된 항아리 실험은 사실 평판적 폭포 현상의 고상한 예이기도 하다. 그러므로 동조 실험에서 발견된 또래 압력의 영향을 이용하면 얼마나 많은 사회 운동이 그 덕분에 가능했는지 알 수 있다.

예컨대 앨버트는 유전자 변형 식품이 심각한 문제라고 주장하고 있으며, 바버라는 실제로 앨버트의 의견에 동의하기보다 그에게 자신이 인간의 건강과 환경 보호에 무지하거나 무관심한 것처럼 보이고 싶지 않기 때문에 그의 의견에 공개적으로 동의한다고 가정해 보자. 앨버트와 바버라가 유전자 변형 식품이 심각한 문제라는 데 동의하면, 신시아는 그들의 견해가 옳다고 믿기보다 그들의 적대감에 직면하거나 다른 사람의 좋은 평가를 놓치고 싶지 않기 때문에 공개적으로 반박하지 않을 수 있다. 그 결과 어쩌면 그들과 같은 견해를 공유하는 것처럼 보일 수도 있다. 이런 일련의 과정이 어떻게 폭포 현상을 낳을 수 있는지는 쉽게 알 수 있다. 일단 앨버트와 바버라, 신시아가 그 문제에 대해 일치된 의견을 제시하고 나면 친구 데이비드는 설령 그들이 틀렸다는 생각이 들더라도 반론을 제기하기가 무척 꺼려진다. 우리는 현재 정치 지도자들에 대한 열정이나, 직장에서 모든 것이 잘 진행되고 있다는 말뿐인 믿음이나, 특정한 이데올로기에 대한 표면적인 헌신 등을 설명하는 데에도 동일한 정형화된 사실들을 이용할 수 있을 것이다.

현실 세계에서 집단 결정을 도출할 때 사람들은 공개적으로 표출된 진술이 독자적인 지식의 산물인지, 아니면 정보적 폭포 현상에 의한 결과물인지, 또는 평판적 압박 때문인지 당연히 알 수 없다. 다른 사람의 행동이 어느 정도로 독자적인 정보에 기초하고 있는지와 관련해서 대부분은 청취자나 관찰자가 과대평가한다고 생각하는 것이 합리적이다.

평판적 폭포 현상은 민간 부문에서 나타난다. 기업이나 비영리 단체, 종교 단체 내에서 발생한다. 또한 모든 정부 부서 내에서도 발생한다. 물론 국회의원들도 평판적 압박에 취약하다. 애초에 그들의 직업적 특성이기도 하다. 선출된 대표자들이 겉보기에 (실제로는 아닌 경우도 있지만) 위기처럼 보이는 어떤 문제에 대처하고자 갑자기 특정한 법안을 지지하고 나선다면, 그들은 평판적 폭포 현상의 영향을 받고 있을 가능성이 높다. 예를 들어, 2002년 7월에 미국이 기업의 부패 문제에 대처하고자 급하게 관련 법을 제정했던 일을 생각해 보라.[43] 의심할 여지 없이 많은 국회의원은 그들이 지지하는 법안에 대해 개인적인 거리낌이 있었을 터였고 어쩌면 일부는 그와 같은 조치에 반대했음에도 불구하고 찬성표를 던졌을 것이다. 나는 관련 법안에 대해서 어떤 입장을 취할 생각은 없다. 아마도 훌륭한 조치였을 것이다. 중요한 사실은 당시의 광범위한 지지가 어느 정도는 평판적 폭포 현상의 산물이었다는 점이다.

좀 더 생생한 예로 미국 상원 의원들이 국기에 대한 맹세문에서 〈하느님 아래〉라는 표현을 사용하지 않기로 한 항소 법원의 결정에 만장일치(!)로 반대한 일도 있었다.[44] 앞의 두 사례 모두에서 일부 의원들은 평판적 폭포 현상에 연루되었을 것이고, 자신의 평판이 훼손되는 것을 피하기 위해서 개인적인 의심을 억눌렀을 것이다.

나는 정보적 폭포 현상에서 가장 심각한 문제는 각 구성원의 개인적인 정보가 집단에 반영되지 않는 것이라고 강조했다. 집단 구성원이나 대중이 마찬가지로 많은 사람의 정보나 생각에 대해 알 수 없다는 측면에서 평판적 폭포 현상에서도 정확히 동일한 문제가 발생한다. 이 경우에 사람들은 자신이 틀렸다고 생각하기 때문이 아니라 자신이 옳다고 생각하는 견해를 밝혔을 때 뒤따라올 수 있는 반대에 직면하고 싶지 않기 때문에 침묵한다. 그로 인한 문제와 결과는 대부분의 사람이 실제로 무슨 생각을 가지고 있는지에 대해 거의 모든 사람이 무지한 상태, 즉 〈다원적 무지〉로 나타난다.[45] 다원적 무지에 직면한 사람들은 다른 사람들이 어떤 특정한 견해를 가졌다고 오해할 수 있으며, 그들의 견해에 맞추어서 자신의 진술이나 행동을 바꿀 수 있다.

특정한 상황에서 이와 같은 자체 검열은 지극히 심각한 사회적 손실이 될 수 있다. 예컨대 공산주의 체제가 동유럽에서 오랫동안 유지될 수 있었던 원인은 단지 무력 때문만이 아니다. 대다수 사람이 기존 정권을 지지한다는 잘못된 믿음이 있었기 때문이다.[46] 공산주의 체제의 몰락은 개개인이 가지고 있던 생각들이 공개된 이후에 비로소 달성 가능했으며, 공개 과정에서 다원적 무지는 다원적 지식에 가까운 어떤 것으로 바뀌었다. 앞으로 보게 되겠지만, 자체 검열은 전쟁에서 승리를 위협할 수도 있다. 평판적 압박은 불과 한 세대 전만 하더라도 민족적 정체성이 전혀 중요하지 않았을뿐더러 적대감은 상상조차 할 수 없었던 집단 간에 때때로 높은 수준의 적대감을 부채질하면서 민족적 정체성을 자극하기도 한다. 여기에 더해서 만약 특정한 견해가 불이익을 받는다면 평이 좋지 않은 견해는 궁극적으로 공개 토론의 현장에서 사라질 수 있고, 그러면 한때는 〈생각도 할 수 없었던〉 어떤 것이 이제는 〈고려하지 않는〉 어떤 것이 될 것이다.[47] 원래는 금기였거나 아예 제기되지 않았던 견해가 단순히 들어 본 적 없다는 이유만으로 완전히 사라지게 되는 것이다. 여기에서도 자신의 평판에 대해 신경 쓰지 않고 자신이 정말로 생각하는 것을 이야기하는 사람들은 값진 공공 서비스를 자기 비용으로 수행한다.

　　표현의 자유를 비롯하여 다양한 시민 자유는 사람들을 동조 압박으로부터 자유롭게 해주기 위한 노력으로 간주될 수 있으며, 이러한 노력은 사적인 권리를 보호하기 위한 것일 뿐 아니라 스스로 침묵하는 데 따른 위험으로부터 대중을 보호하기 위한 것이기도 하다. 철학자 요세프 라즈Joseph Raz의 인상적인 주장도 이 점을 분명히 하고 있다. 〈모든 사람이 표현의 자유를 누리는 사회에서 나 혼자만 표현의 자유가 없이 사는 것과 표현의 자유가 없는 사회에서 나 혼자만 표현의 자유를 누리며 사는 것 중에 하나를 선택해야 한다면, 나는 망설임 없이 첫 번째 조건이 나의 개인적인 이익에 더 부합한다고 판단할 것이다.)[48] 그의 주장은 표현의 자유가 그와 같은 권리를 행사하는 데 별로 신경 쓰지 않는 사람들에게도 무수히 많은 이익을 제공한다는 점에서 타당하다. 세계 역사에서 민주적인 선거 절차와 표현의 자유를 가진 나라 중 어떤 나라도 기근을 겪은 적이 없다는 사실은 생각해 볼 필요가 있다.[49] 정치적 자유가 그러한 자유를 행사하지 않는 사람들을 어느 정도까지 보호하는지를 보여 주는 예이다.

단체 결사의 자유는 특히 주목할 가치가 있는데, 동조를 부추기는 일반적인 동기가 부재하거나 반대일 수 있는 집단들로 사람들을 모이도록 해주기 때문이다. 일반적으로 사회는 특정한 정치적 견해에 불이익을 부과하지만, 이와 같은 견해가 용인되거나 장려되는 단체들도 얼마든지 찾아볼 수 있다. 성평등이나 환경 보호, 종교의 자유를 비롯해 미국 독립 혁명까지 수많은 운동이 그런 식으로 가능할 수 있었다. 비밀 투표 역시 같은 맥락에서 볼 수 있다. 비밀 투표의 장점은 정보적 압박을 감소시킴으로써 유권자들이 자신의 선택을 드러내고 다른 사람의 견해에 덜 휘둘리도록 하는 것이다. (다수결의 원칙에 따라 보상을 제공하는 변형된 항아리 실험을 상기하라.) 하지만 더욱 두드러진 장점은 유권자들이 비난에 대한 두려움 없이 익명으로 행동하고 투표할 수 있다는 점이다.

정보적 폭포 현상의 도달 범위가 제한될 수 있는 것처럼, 더 광범위한 사회의 대중적인 의견에는 영향을 미치지 않으면서 특정한 하위 집단의 대중적인 의견을 재구성하는 〈지역적인 평판적 폭포 현상〉도 있을 수 있다. 특정한 하위 집단이 어떤 불명예스러운 정치적 목표를 매우 중요하다고 믿거나, 실재하지 않는 위험을 사실상 매우 심각하다고 믿거나, 어떤 가망 없는 의학적 치료법이 기적적인 치료를 이끌어 낸다고 믿는다면 각각의 하위 집단에 속한 회의론자들이 의심의 목소리를 내지 않을 거라는 점에서 지역적인 평판적 폭포 현상과 관련이 있을 수 있다. 페이스북에서는 지역적인 평판적 폭포 현상이 매일같이 일어난다.

물론 정보적 영향과 평판적 영향은 상호 작용한다. 일례로 수십 년 전에 남아프리카 공화국은 유명한 지도자들이 나서서 에이즈는 진짜 질병이 아니라 가난한 사람들에게 특정한 약품을 판매하기 위한 음모라고 주장하면서 〈에이즈 부정〉이라는 문자 그대로 치명적인 현상을 겪었다. 이 사례에서도 폭포 현상이 관찰되었는데 문제의 폭포 현상은 평판이 손상되는 것에 대한 두려움이 아닌 이른바 사실로 추정되는 것(가짜 뉴스)의 전파에 주로 기반하고 있었다.[50] 그런데도 평판적 압박에 집중해서 살펴본다면, 우리는 비슷한 생각을 가진 사람들이 모인 다양한 공동체 사이에서 특이하고 근거 없는 믿음 — 사실과 견해에 대한 — 이 지속된 중대한 원인을 알아낼 수 있을 것이다. 보통은 그와 같은 인식의 차이를 뿌리 깊은 역사적 또는 문화적 요인 탓으로 돌리고 싶은 유혹이 들겠지만, 진짜 원인은 평판적 압박인 경우가 많다.

정치 지도자들은 대체로 평판적 압박을 형성하는 데 중요한 역할을 한다. 지도자들이 어떤 것이 진실이라거나 국가가 어떤 특정한 행동 방침을 추구해야 한다고 주장하는 경우에 일부 시민들은 대중의 비난이 무섭기 때문에라도 반대하기를 꺼릴 수 있을 것이다. 다른 경우와 마찬가지로 이때도 그에 따른 결과는 심각한 사회적 손실일 수 있다. 또한 이런 경우에 시민의 자유를 보장하는 강력한 제도와 반대자들의 고립된 거주지에 안전한 공간을 만들어 주어야 한다는 주장은 사적 권리를 보호하기 위한 노력뿐 아니라 사회의 실수에 대비한 안전장치로써 정당화될 수 있다. 시장 제도는 정보를 어떤 설계자들보다 잘 통합하고 전파한다.[51] 마찬가지로 표현 및 반대의 자유 제도는 설계자들의 잘못된 확신과 필연적인 실수로부터 개인과 대중 모두를 지켜 준다.

폭포 현상이 전반적으로 좋거나 나쁘다고 말하는 것은 타당하지 않다. 경우에 따라서 폭포 현상은 심각하지만 이전까지는 외면되던 문제들에 대한 관심을 촉발함으로써 집단이나 대중의 무관심을 극복할 수도 있고, 사람들을 다른 어느 때보다 더 걱정하게 만들고 개인적인 판단이나 공공 정책, 법 영역에서 대대적인 왜곡을 초래할 수도 있기 때문이다. 반노예제 운동은 미국의 환경 운동이나 공산주의의 몰락, 남아프리카 공화국의 반인종 차별 운동, 2017년과 2018년의 미투 운동이 그랬듯이 폭포 현상과 유사한 뚜렷한 특징을 가지고 있었다. 마오쩌둥(毛澤東)의 문화 대혁명과 독일의 나치주의 발흥도 마찬가지이다.

일반적으로 폭포 현상은 매우 취약한데, 사람들의 헌신이 그들의 개인적인 정보에 거의 기반하지 않기 때문이다. 여기에서 내가 강조하고자 하는 것은 사회적 폭포 현상이, 이른바 사실에 근거했든 아니든 광범위한 실수로 이어질 수 있는 심각한 위험이 있다는 부분이다.

한계가 있는 합리적 폭포 현상

지금까지의 논의는 사람들이 대체로 합리적이라고 전제했다. 다시 말해, 다른 사람들의 진술과 행동을 통해 제공되는 정보를 합리적으로 고려하고, 자신의 평판에 대해 충분히 현명하게 신경을 쓴다고 전제했다. 이러한 전제는 한 가지 중요한 예외를 암시하는데, 사람들이 폭포 현상을 다수의 독립적인 결정으로 오해할 수 있다는 점이다. 하지만 인간이 〈제한된 이성〉을 가졌음은 이미 잘 알려진 사실이다. 대부분의 영역에서 사람들은 휴리스틱이나 사고의 지름길을 이용하며, 여기에 더해서 특정 기준을 바탕으로 범주화할 수 있는 편견들을 보여 준다.[52] 실제로 다른 사람을 따르는 행위 자체는 대체로 잘 작동하지만, 어떤 경우에는 잘 작동하지 않는 일종의 휴리스틱으로 간주될 수 있다. 그리고 그 밖의 다른 휴리스틱과 모든 편견에는 그에 상응하는 폭포 현상의 가능성이 존재한다.

예를 들어, 공공 정책과 사법 영역에서 아마도 가장 잘 알려진 가용성 휴리스틱에 대해 생각해 보자.[53] 가용성 휴리스틱을 이용하는 사람들은 확률과 관련된 난해한 질문에 대해서 관련 사례를 쉽게 떠올릴 수 있는지 질문함으로써 대답을 대신한다. 홍수나 지진, 비행기 추락 사고나 교통 정체, 테러 공격이나 원자력 발전소 사고가 일어날 확률은 얼마나 될까? 통계학적 지식이 부족한 사람들은 실제 사례를 떠올려 보고자 할 것이다. 통계학적 지식이 없는 — 말인즉슨 대부분의 — 사람들이 가용성 휴리스틱을 이용하는 것은 전혀 비합리적이지 않다. 문제는 이 휴리스틱이 작은 위험에 대해서는 과도한 두려움을 야기하고 큰 위험에 대해서는 무관심을 초래함으로써 심각한 사실 오류로 이어질 수 있다는 점이다. 실제로 여러 설문 조사와 실질적인 행동은 가용성 휴리스틱이 광범위하게 이용되고 있음을 보여 준다. 사람들이 자연재해 보험에 가입할지는 그 사람의 최근 경험에 지대한 영향을 받는다.[54] 바로 직전에 홍수가 발생하지 않은 한 홍수 범람원에 사는 사람들은 보험을 가입하지 않을 가능성이 매우 높다. 지진 보험은 지진이 발생한 뒤에 급증하지만, 지진에 대한 생생한 기억이 사라지는 시점부터 꾸준히 감소한다.

현재 목적에서 핵심은 가용성 휴리스틱이 사회적 공백 상태에서는 작동하지 않는다는 것이다. 특정한 어떤 사건이 〈이용 가능한〉 상태인지 아닌지는 사회적 상호 작용과 함수 관계에 있다. 사회적 상호 작용은 가장 두드러진 사례들을 관련 공동체 내에서 빠르게 확산시킴으로써 해당 사례들을 거의 모든 사람이 이용 가능하도록 만들어 주기 때문이다. 때때로 이 일련의 과정들은 매우 지역적인 양상을 보이기도 한다. 예컨대 수영하는 사람들은 상어의 공격을 걱정해야 할까? 이민자들은 범죄를 많이 저지를까? 총기를 규제함으로써 정말 생명을 구할 수 있을까? 어린 소녀들은 유괴될 가능성이 높을까? 이 모든 경우에서 미국은 가장 두드러진 사례들이 이 사람에게서 저 사람에게로 빠르게 확산되는, 이른바 〈가용성 폭포 현상〉을 목격했다.[55] 가용성 폭포 현상은 다른 곳에서도 흔하게 나타난다. 21세기 초에 러시아를 비롯한 독일과 프랑스, 이탈리아, 멕시코 등은 수십 년에 걸쳐 다양한 가용성 폭포 현상을 경험했다.

　이런 일련의 과정들은 일반적으로 정보를 수반한다. 만약 누군가가 북쪽으로 열 블록 떨어진 지역에 심각한 범죄 위험이 도사리고 있음을 증명하기 위해서 최근의 폭행 사건을 예로 들거나, 비행기를 타는 것이 안전하지 않다는 사실을 증명하기 위해서 최근의 비행기 사고를 예로 든다면 그 사람의 진술은 일정한 권위를 갖게 되고, 다른 사람들로 하여금 그 사람이 옳다고 믿게 만들 것이다. 그리고 상어의 공격과 이민자들의 폭력 범죄, 어린 소녀들에 대한 납치 사건에 대해서 이야기하자면, 언론은 수백만 명의 사람에게 마치 빠르게 확산된 정보를 제공하는 듯한 몇 건의 자극적인 사례를 유포했다. 물론 평판의 힘도 한 역할을 한다. 그 결과 사람들 대부분은 어떤 예시가 오해의 소지가 있으며, 그렇기 때문에 다른 사람들의 두려움이 근거 없다고 말하기를 꺼린다. 오류를 바로잡으려는 노력은 어리석음이나 냉정함으로 보일 수 있으며, 대중의 비난을 피하고자 하는 열망은 일종의 침묵을 낳을 수 있다.

가용성 폭포 현상은 어디에나 존재한다. 생생한 실제 사례들은 사회적 상호 작용과 더불어 자연재해 보험의 구입 결정을 설명하는 데 도움을 준다. 폭포 현상은 방치된 유해 폐기물 처리장(비교적 소소한 환경 위험)을 둘러싼 수많은 대중의 관심을 설명한다. 가용성 폭포 현상은 상어의 공격과 이민자 문제, 어린 소녀들의 유괴뿐 아니라 농약의 일종인 알라, 비행기 사고와 학교 총격 사건 등에 대한 대중의 두려움을 부채질했다. 또한 〈광우병〉과 관련해서 유럽의 소고기 생산에 대대적인 혼란을 초래하는 데 일조했으며, 21세기 들어서 두 번째로 맞이한 10년 동안 미국과 유럽에서 에볼라 바이러스에 대한 공포가 폭발한 이유를 설명했다. 스웨덴과 미국을 비롯한 그 밖의 다른 곳에서 명백히 미투 운동을 부추기기도 했다.

내가 이야기하고자 하는 것은 이 모든 사례에서 가용성 폭포 현상이 과도하거나 부적절한 반응으로 이어졌다는 것이 아니다. 오히려 가용성 폭포 현상이 심각하지만, 이전까지는 외면되던 문제들에 대해 때때로 대중의 관심을 촉진하는 중요한 효과를 가지고 있다는 점이다. 그리고 가용성 휴리스틱과 내가 내내 강조하는 가용성 폭포 현상의 상호 작용을 앎으로써 대중의 반응 강도를 가장 잘 이해할 수 있다는 것이다. 문제는 그런 상호 작용들이 일부 오류를 피할 수 없게 만든다는 사실이다. 휴리스틱 자체가 일반적으로 도움이 되지만 잘 작동하지 않는 경우도 많은 까닭이다. 다른 경우와 마찬가지로 여기에서도 반대 의견은 중요한 보완책이다. 수많은 조직과 정부 기관이 고민해야 할 문제는 반대자들이 자신이 아닌 다른 사람들에게 이익을 가져다줄 때 어떻게 반대에 뒤따르는 비용을 덜 주거나 보상을 제공할 것인가 하는 점이다.

3장

집단 극화

지금까지 나는 정보와 평판의 영향이 어떻게 동조와 폭포 현상을 낳는지 살펴보았다. 또한 동조와 폭포 현상이 발생할 가능성을 높이거나 낮추는 요인들도 확인했다. 사람들이 감정적인 유대로 묶여 있지 않을 때 사회적 영향의 크기는 감소한다. 사람들이 다른 관련된 사람들과 대비시켜서 스스로를 규정할 때 — 즉 〈우리〉가 〈그들〉과 대비되는 경우에 — 동조 효과는 크게 감소할 수 있다. 〈반사적 평가 절하〉 때문에 동조가 아예 일어나지 않을 수도 있다. 사실에 대한 확신이 클수록 동조는 감소할 수 있으며, 어떤 사람들이 더 많은 정보를 가졌다는 사실을 알게 될 때 폭포 현상은 파괴될 수 있다.

　이런 점들을 염두에 둔 채로 이제 이익 집단이나 민간 기업, 종교 단체, 정당, 배심원, 입법 기관, 법원 합의부,

심지어 국가의 행동에 관한 많은 교훈을 포함하고 있는 집단 극화 현상으로 눈을 돌려 보자.

기본 현상

토론하는 단체들 안에서는 어떤 일들이 일어날까? 집단도 타협을 할까? 개별 구성원들의 성향을 고려해서 중도를 향해 나아갈까? 이제 답은 명확하나 직관이 암시하는 답은 아닐 것이다. 일반적으로 토론 집단의 구성원들은 토론이 시작되기 전에 그들이 가졌던 성향과 일치하는 좀 더 극단적인 입장을 내놓는 경우가 많다.[1] 이른바 집단 극화로 알려진 현상이다. 집단 극화는 미국과 프랑스, 독일 등 10여 개의 나라를 포함하는 수많은 연구에서 발견된 토론 집단의 일반적인 경향이다.[2] 내가 제일 먼저 언급할 세 건의 연구 — 토론하는 시민들과 토론하는 배심원들, 토론하는 판사들과 관련된 — 는 모두 집단 극화와 관련이 있다.

이민이 심각한 문제라고 생각하는 사람들로 구성된 집단은 논의 이후에 이민이 더욱 심각한 문제라고 생각하게 된다. 건강 보험 개혁법을 싫어하는 사람들은 논의 이후에 건강 보험 개혁법이 정말 끔찍하다고 생각한다. 지속적인 전쟁 노력을 옹호하는 사람들은 논의 이후에 그와 같은 노력을 더욱 열렬히 지지하게 될 것이다. 국가 지도자들을 싫어하는 사람들은 그들끼리 서로 대화를 나눈 이후에 국가 지도자들을 더욱 싫어하게 된다. 미국을 비난하고 미국의 의도를 의심하는 사람들은 그들끼리 서로 의견을 교환한 뒤에 비난과 의심의 강도를 더욱 높이게 될 것이다.

실제로 프랑스 시민들의 현상을 보여 주는 구체적인 증거도 있다.[3] 사람들은 비슷한 생각을 가진 사람들과 대화할 때 일반적으로 대화를 시작하기 전보다 더 극단적인 생각을 갖게 된다. 반란이나 심지어 폭력 쪽으로 기울어진 고립된 사람들이 내부적인 토론의 결과로 원래부터 기울어져 있던 방향으로 급격히 움직일 수 있음은 너무나 명백하다. 대개 정치적 극단주의는 집단 극화의 산물이다.[4]

집단 극화와 폭포 현상 사이에는 밀접한 관계가 있다. 두 가지 모두 정보적이고 평판적인 영향의 산물인 까닭이다. 핵심적인 차이는 집단 극화가 토론의 효과[5]와 관련이 있고, 폭포 현상은 아무런 관련이 없다는 점이다. 여기에 더해서 집단 극화는 항상 폭포 현상과 같은 과정을 수반하지 않는다. 집단 극화는 대부분의 개개인이 집단 구성원들의 성향에 맞추어 더욱 극단적인 의견으로 나아가고자 하는 동시적이고 독립적인 결정에서 비롯된다.

미국에서 집단 극화는 버락 오바마와 도널드 트럼프를 대통령으로 만드는 데 일조했다. 주로 비슷한 생각을 가진 사람들끼리 대화하면서 오바마와 트럼프의 지지자들이 각자의 후보에게 더욱 열정적으로 헌신하게 되었기 때문이다. 페이스북과 트위터에서도 우리는 매시간이나 매분마다 하루도 빠짐없이 실시간으로 진행 중인 집단 극화 현상을 볼 수 있다. 비슷한 생각을 가진 사람들로 이루어진 소수 집단들이 온라인을 통해 확산되면서 집단 극화는 피할 수 없는 현상이 된다. 특히 스포츠 팬은 집단 극화의 먹이와 마찬가지이며, 새로운 어떤 제품을 출시할지 말지 결정을 앞둔 기업들도 매한가지이다.

법적인 맥락에서 집단 극화에 따른 영향을 알아보기 위해 서론에서 언급했던 징벌적 의도와 징벌적 손해 배상에 관한 연구를 더 자세히 살펴보도록 하자.[6] 세부 내용은 다소 전문적이다. 그런데도 여기에서 인용하는 이유는 관련 연구가 종종 사적인 행동과 공적인 행동의 원천이 되기도 하는 분노의 역학에 관한 어떤 것을 우리에게 이야기해 주기 때문이다. 연구는 배심원 자격을 갖춘 약 3천 명의 시민을 대상으로 했다. 주된 목적은 개인이 다른 사람들의 징벌적 의도를 확인하고 함께 토론함으로써 어떤 영향을 받는지 알아내기 위함이었다. 그러므로 피실험자들은 토론에 앞서 0점부터 8점을 기준으로 〈처벌 판단〉을 기록하도록 요구받았다. 0점은 피고인이 어떤 처벌도 받지 않아야 한다는 것을 의미했으며, 8점은 피고인이 지극히 무거운 형벌을 받아야 한다는 것을 의미했다. 개별적인 평가를 기록한 뒤에 배심원들은 6명씩 이루어진 배심원단으로 나뉘었고, 토론을 통해 만장일치로 〈처벌 평결〉을 도출했다. 배심원들의 평결이 앞서 그들이 개별적으로 기록한 처벌 판단의 중앙값을 보여 줄 거라고 예상했다면, 비록 합리적인 예상이기는 하지만 완전히 틀렸다.

오히려 토론 효과는 무거운 처벌을 지지하던 배심원들은 더 무거운 처벌을 원하는 엄격한 변화의 형태로 나타났고, 가벼운 처벌을 지지하던 배심원들은 더 가벼운 처벌을 원하는 관대한 변화의 형태로 나타났다.[7] 즉 배심원들 개개인의 평가 중앙값이 8점을 기준으로 4점이거나 그 이상인 경우에 배심원단의 평결은 그보다 더 높게 나타났다. 잘못 만들어진 요트 때문에 거의 익사할 뻔한 한 남자의 사건을 예로 들어 보자. 배심원들은 요트가 잘못 만들어졌다는 생각에 분노하는 경향을 보였고, 배심원단은 구성원들의 평가 중앙값보다 훨씬 더 격분했다. 반대로 배심원 개개인의 평가 중앙값이 4점보다 낮은 경우에는 일반적으로 배심원단의 평결이 그 중앙값보다 낮게 나타났다.

에스컬레이터가 갑자기 멈추는 바람에 넘어져서 다친 한 쇼핑객의 사례를 보자. 개별적인 배심원들은 해당 사건을 심각한 죄라기보다 진짜 사고라고 여겨서 크게 개의치 않았으며, 배심원단의 평가는 개별적인 배심원들보다 더 관대했다. 집단 극화 현상이 진행 중임을 보여 주는 명백한 예이다. 이전에 무거운 처벌을 부과하려는 경향을 보인 구성원들이 속한 집단은 그들이 생각했던 것보다 더 무거운 처벌을 부과하는 경향이 있다. 가벼운 처벌을 지지하는 경향이 있는 구성원들이 속한 집단은 정반대의 결과를 보여 주었다.

분노

이런 발견은 우리가 처벌 판단의 구성 요소를 고려할 때 법원 안팎에서 사람들이 보여 주는 행동과 관련하여 한 가지 중요한 사실을 암시한다. 처벌 판단이 분노에 뿌리를 두고 있으며,[8] 한 집단의 수치화된 분노는 동일 집단의 처벌 판단을 예측할 수 있게 해주는 훌륭한 지표라는 점이다.[9] 높은 수준의 분노와 함께 시작하는 사람들은 집단 토론의 결과로 명백히 더욱 분노한다. 게다가 그 변화 정도는 이전의 분노 정도에 따라 달라진다. 즉 원래의 분노 정도가 클수록 내부적인 토론 이후에 나타나는 변화의 폭도 크다.[10] 바로 여기에 배심원이나 폭도, 정부에 의한 가혹한 처벌뿐 아니라 반란과 폭력의 원천에 대한 핵심이 있다. 비슷한 생각을 가진 사람들이 서로 모여 있다면, 그리고 그들이 분노하기 쉬운 성향을 가졌다면 아마도 유의미한 변화를 예측할 수 있을 것이다. 미국 혁명이 그런 식으로 가능했으며, 인종 차별 정책과 공산주의에 대한 저항도 그랬다.

반목이나 민족적, 국제적 갈등, 전쟁 등에 집단 극화가 작용하고 있음은 쉽게 알 수 있다. 반목의 전형적인 특징 중 하나는 반목하는 집단의 구성원들끼리만 대화하면서 그들 자신의 분노를 부채질하고 증폭시키며 관련 사건에 대한 인상을 고착시킨다는 것이다. 집단 극화는 이스라엘과 팔레스타인 자치 정부 내에서 일상적으로 나타난다. 긍정적인 움직임이든 아니면 부정적인 움직임이든 많은 사회적 운동은 고조된 분노의 효과를 통해 가능해진다. 예컨대 청각 장애인들의 인권 운동을 생각해 보라. 청각 장애인들의 인권 운동은 그들이 지리적으로 고립되어 있다는 사실을 알게 됨으로써 더 많은 청각 장애인들에게 호응을 이끌어 냈다.[11] 사회적으로 고립된 집단은 경우에 따라서 긍정적으로 작용할 수도 있고, 부정적으로 작용할 수도 있는 집단 극화의 온상이다.

집단 내의 숨겨진 관심과 자기 침묵

극단적인 움직임을 지향하는 경향은 집단 극화 현상에 관한 연구 보고서에서 가장 주목할 만한 발견이다. 하지만 나의 주장에 중요한 또 다른 핵심도 있다. 토론 집단 안에서 소수의 입장에 있는 사람들은 대체로 침묵하거나, 설령 발언을 하더라도 불균형적으로 적은 무게를 갖는다는 사실이다. 이로 인한 결과는 〈숨겨진 관심〉 — 집단 내에서 공유되지 않는 중요한 정보 — 일 수 있다.[12] 집단 구성원들은 중요한 정보를 가지고 있음에도 그에 관한 이야기를 공개적으로 거론하지 않는 경우가 많으며, 그 결과는 열등한 결정이 도출되는 것으로 나타난다.

직접 얼굴을 맞대고 일하거나 온라인으로 일하는 작업 집단에서 발생하는 심각한 실수들을 조사한 한 연구를 참고하자.[13] 이 연구의 목적은 관련 집단들이 인사 결정을 내리기 위해 어떻게 협력할 수 있는지를 보기 위함이었다. 영업 부장 자리에 지원한 3명의 지원자 이력서가 관련 집단 앞에 놓였다. 실험자는 지원자들의 특징을 조작해서 누가 보더라도 한 명의 지원자가 설명된 직무에 가장 적합해 보이도록 만들었다. 피실험자들에게는 이력서에 들어 있는 정보 중 일부만 포함하고 있는 서류가 제공되었고, 그런고로 각각의 집단 구성원들은 관련 정보의 오직 일부만 가질 수 있었다. 각 집단은 3명으로 구성되었다. 그중 일부는 직접 대면하는 방식으로 운영되었고, 일부는 온라인으로 운영되었다.

특히 두 가지 결과가 인상적이었다. 첫 번째는 각 집단이 구성원들의 원래 생각을 바탕으로 더욱 극단적인 입장을 취하면서 집단 극화 현상이 만연했다는 점이다. 두 번째는 객관적인 결정을 내릴 수 있을 만큼 정보를 공유하는 데 실패한 까닭에 토론 집단 중 어떤 집단도 눈에 띌 만큼 올바른 선택을 하지 못했다는 점이다. 구성원들은 유력한 지원자에 관한 긍정적인 정보와 잠재적인 탈락자에 관한 부정적인 정보를 공유하는 동시에, 유력한 지원자에 관한 부정적인 정보와 잠재적인 탈락자에 관한 긍정적인 정보를 숨기는 경향을 보였다. 그들의 진술은 〈복잡성을 더하고 논쟁을 부채질하기보다 집단 합의를 향한 진전을 다지는 데 기여했다〉.[14]

이 같은 발견은 집단들이 공유된 정보에 집착하고 소수의 구성원이 보유한 정보에 대해서는 외면한다는 더욱 포괄적인 주장과 일맥상통한다. 이런 경향이 중대한 실수로 이어질 수 있음은 굳이 강조할 필요가 없을 것이다. 이 특징을 이해하기 위해서는 집단 극화를 낳는 메커니즘에 대해 탐구할 필요가 있다.

왜 극화 현상인가?

비슷한 생각을 가진 사람들은 왜 극단으로 치달을까? 여기에는 정보와 확증, 사회 비교와 관련된 세 가지 주된 해석이 존재한다.[15]

가장 중요한 해석은 정보적 영향을 포함하며, 우리가 동조 및 폭포 현상과 관련해서 내내 보았던 것과 비슷하다. 핵심 개념은 사람들이 다른 사람들의 주장에 반응한다는 것이다. 그리고 처음부터 어느 한쪽으로 기울어져 있던 집단의 〈논의 풀〉이 필연적으로 더욱 기울어질 거라는 것이다.[16] 구성원들이 예컨대 중동 분쟁에서 이스라엘을 진정한 침략자라고 생각하는 경향이 있는 집단은 그런 취지의 주장이 주로 들릴 것이고, 반대 의견은 상대적으로 거의 들리지 않을 것이다. 그런 집단의 구성원들은 논의 과정에 등장하는 일부 주장 — 전부가 아니더라도 — 을 필연적으로 듣게 된다. 그리고 논의를 모두 듣고 난 이후에는 아마도 이스라엘에 더욱 반대하는 쪽으로 나아갈 것이다. 이민에 반대하는 구성원들로 이루어진 집단도 마찬가지이다. 즉 그런 집단의 구성원들은 대체로 이민에 반대하는 주장을 많이 듣고, 이민에 찬성하는 주장은 거의 듣지 못할 것이다.

만약 사람들이 귀를 기울여 듣는다면 토론 이후에 그들은 자신들이 처음부터 기울어져 있던 것과 동일한 방향으로 나아가는 데 더욱 확신을 갖게 될 것이다. 또한 그들이 제한된 논의 풀에서 벗어나지 못하는 모습은 〈숨겨진 관심〉의 문제를 설명하고, 집단 토론 중에 관찰되는 공유된 정보를 둘러싼 더욱 활발한 토론을 설명하는 데 도움이 된다. 더 많은 사람이 동일한 정보를 가지고 있을 때 해당 정보가 언급될 가능성이 매우 높다는 것은 전적으로 통계에 따른 사실이다.[17] 이 과정에서 숨겨진 관심은 예측 가능한 문제이며 최종 결정에 부정적인 영향을 미친다.

두 번째 해석은 확신과 확증, 극단주의 사이에 존재하는 관계를 암시한다.[18] 여기에서의 직관은 단순하다. 확신이 부족해서 어떻게 생각해야 할지 불확실한 사람들은 자신의 의견을 억누르는 경향이 있다는 것이다. 어떻게 해야 할지 몰라서 조심스러운 사람들이 많은 경우에 적절한 양극단 사이에서 중간 지점을 선택하는 것도 그런 이유이다. 하지만 만약 다른 사람들이 당신의 관점을 공유하고 당신의 믿음을 확증하는 것처럼 보인다면, 당신은 자신이 옳다고 확신하면서 더욱 극단적인 방향으로 나아가게 될 것이다. 어쩌면 당신은 1부터 10을 기준으로 기후 변화가 일어날 가능성이 7이라고 생각할 수 있다. 하지만 당신이 속한 집단의 대다수 사람이 기후 변화가 일어날 거라는 견해에 동의한다면 당신의 믿음은 9까지 올라갈 수 있을 것이다.

다양한 실험 상황에서 사람들의 의견은 그들의 생각이 확증되고, 다른 사람들도 비슷한 의견을 가졌음을 알게 된 뒤로 스스로 더욱 확신을 가지게 되면서 좀 더 극단적으로 변하는 듯 보였다.[19] 이 같은 설명과 앞에서 언급했듯이 3명의 같은 당 출신 판사들로 구성된 합의부는 2명의 판사만 같은 당 출신인 합의부와 매우 다르게 행동할 가능성이 높다는 연구 결과 사이에는 명백한 연관이 있다는 점을 주목할 필요가 있다. 다른 2명이 보여 주는 일치된 확증의 존재는 확신을 강화하고, 그에 따라 극단성을 강화할 것이다.[20]

사회 비교와 관련된 세 번째 해석은 사람들이 다른 집단 구성원들에게 호의적으로 인식되고 싶어 할 뿐 아니라 스스로를 호의적으로 인식하기를 원한다는 주장으로 시작한다.[21] 그들의 견해는 자신이 어떻게 보이고 싶어 하는지에 따라서 어느 정도 달라질 수 있다. 그들은 일단 다른 사람들의 생각을 듣고 나면 잘 관리된 인상을 유지하기 위해 지배적인 견해에 맞추어 자신의 입장을 수정한다. 예를 들어, 그들은 겁을 내거나 소심한 성격을 깔보는 기업가들 모임에서 자신이 전혀 그렇지 않다는 신호를 보내고 싶어 할 수 있으며, 다른 집단 구성원들과 비교를 통해 그런 특징이 드러나지 않도록 자신의 주장을 재정립할 것이다. 그리고 다른 사람들의 생각을 들으면서 그 집단 내에서 사람들이 바라는 것과 약간 다른 입장을 취하고 있음을 발견하면 그에 맞추어 자신의 생각을 바꿀 것이다.

한편 자신이 대부분의 사람보다 이민에 덜 반대한다고 생각하던 사람들이 이민에 강력하게 반대하는 사람들로 이루어진 집단에 속해 있음을 알게 된다면 자신에 대한 호감을 유지하고자 기존의 생각을 어느 정도 바꿀 수 있다. 이런 현상은 수많은 맥락에서 일어나는 듯 보인다. 사람들은 소수 집단 우대 정책이나 페미니즘, 국방력 강화와 같은 사안에 대해 자신이 지나치게 열정적이거나 아니면 지나치게 열정을 자제하는 것처럼 보이지 않기를 원한다. 이런 이유로 그들의 관점은 다른 집단 구성원들이 어떻게 생각하는지 알게 됨으로써 변할 수 있다. 그에 따른 결과는 주어진 집단의 입장을 이쪽이든 저쪽이든 극단으로 향하도록 압박하고 개별적인 구성원들의 입장 변화

를 유도할 것이다. 집단 극화를 둘러싼 이런 설명을 뒷받침하는 증거는 얼마든지 많다.[22]

사회 비교에 대한 강조는 숨겨진 관심의 존재와 한 집단 내에서 특정한 정보가 공유되지 못하는 문제에 대해 새롭고 더 나은 설명을 제공한다는 사실을 주목할 필요가 있다. 사람들은 단순히 집단으로부터 거부당할 수 있다는 두려움과 대중의 인정을 받고 싶다는 열망 때문에 공유된 견해와 정보를 강조하고 특이한 관점과 새로운 증거를 경시할 수 있다.[23] 이 문제는 정치 집단이나 법률 기관 내에서 다음과 같은 불행한 의미를 갖는다. 동료의 인정을 중시하거나, 물질적인 또는 비물질적인 이익을 위해 서로에게 의존하는 집단 구성원들이 지극히 적절한 정보를 숨길 수 있다. 따라서 집단 극화에 관한 이런 설명은 실수가 발생할 가능성이 매우 높다는 점에서 평판적 폭포 현상에 대한 개념과도 관련이 있다.

기울어진 토론

징벌적 손해 배상을 둘러싼 배심원들의 토론과 관련해서 다음의 한 특별한 연구 결과는 강조될 가치가 있다. 지금까지 관련 연구에 대한 나의 논의는 토론이 수치화된 척도를 바탕으로 측정되는 징벌적 의도에 어떻게 영향을 미치는가 하는 부분에 집중되어 왔다. 하지만 문제의 실험에서 배심원들은 토론에 앞서 그들이 생각하는 배상금을 먼저 기록한 다음에 배상금 평결을 위한 토론을 진행하도록 요구되었다. 어쩌면 집단 극화라는 개념이 암시하듯이 과연 높은 배상금은 더 높아지고, 낮은 배상금은 더 낮아졌을까?

딱히 그렇지 않았다. 배심원단의 배상금 지급 판정이 일반적으로 개별적인 배심원들의 배상금 중앙값을 초과했다는 점에서 주된 효과는 거의 모든 배상금이 높아지는 결과로 나타났다.[24] 실제로 이와 같은 효과는 너무나 확연해서 전체의 27퍼센트에 해당하는 경우에서 배심원단의 평결은 배심원들이 사전에 생각했던 배상금 중 가장 높은 금액과 비슷하거나 더 높았다.[25]

추가적인 사실도 있다. 토론 과정에서 배상금이 늘어나는 효과는 원래부터 배상금이 높았던 경우에서 가장 두드러지게 나타났다는 점이다. 예컨대 결함이 있는 요트와 관련된 사건에서 개별적인 판단의 중앙값이 45만 달러였다면, 배심원단이 내린 판단의 중앙값은 동일한 사건임에도 불구하고 100만 달러였다. 물론 원래부터 배상금이 낮았던 경우에도 배상금이 오르기는 마찬가지였다.

왜 이런 현상이 일어날까? 집단 극화의 측면에서 한

가지 가능한 설명은 실재적인 모든 배상금의 중앙값이 토론 이전까지 배심원들의 처벌 경향을 암시하고, 토론은 배상금을 증가시킴으로써 그들의 처벌 경향을 강화한다는 것이다. 하지만 설령 맞는다고 하더라도 이런 설명은 충분히 명확하지 않은 것 같다. 인상적인 사실은 높은 배상금을 주장하는 사람들이 낮은 배상금을 주장하는 사람들보다 〈반사적인 수사적 이점〉을 갖는 듯하다는 것이다. 법대 학생들을 대상으로 한 후속 연구도 이 같은 주장을 뒷받침하는데, 이 연구는 기존의 사회 규범을 고려할 때 사람들이 기업을 상대로 한 큰 액수의 징벌적 배상금을 옹호하기는 쉽지만, 작은 액수의 징벌적 배상금은 옹호하기 어렵다는 막연한 생각을 가지고 있음을 암시한다.[26] 기본 개념은 당신이 어떤 논쟁과 관련된 진위에 대해 전혀 아는 것이 없더라도 더 무거운 처벌 — 예를 들면 강력한 제지 신호를 주거나 지역 사회의 분노를 반영함으로써 — 을 옹호하는 주장을 펴기 쉽다는 것이다. 같은 맥락에서 아마도 당신은 작은 액수의 배상금을 옹호하는 주장을 펴기가 더 어렵다고 생각할 수 있다. 사회 규범은 그것이 가동될 때마다 어떤 특정한 쪽을 옹호하는 주장을 더욱 펼치기 쉽게 만든다. 말인즉슨 토론 집단들이 자연스럽게 그쪽으로 움직이는 경향을 보일 거라는 뜻이다.

수사적 이점에 관한 연구 결과들은 일견하기에 동떨어진 분야에서 나왔다. 예컨대 의사들이 환자를 소생시키기 위해서 어떤 조치를 취할지 결정하려 한다고 가정해 보자. 개인은 집단에 비해 영웅적인 시도를 지지할 가능성이 적을까? 증거는 영웅적인 시도를 옹호하는 의사들이 그렇지 않은 의사들에 비해 명백히 수사적 이점을 갖기 때문에 한 개인으로서 각각의 의사는 집단보다 그럴 가능성이 적다고 암시한다.[27] 그 기저에는 흥미로운 역학들이 작용하는데, 그런 역학들이 어떻게 작용하는지에 관한 한 가지 추측을 여기에 소개한다. 각각의 의사는 일종의 비용 편익 분석을 실시한 뒤에 모든 것을 고려했을 때 영웅적인 시도가 그다지 좋은 생각 같지 않다고 이야기하고자 할 것이다. 하지만 집단에 속해 있는 경우에 각각의 의사는 비용 편익 분석을 하는 것에 약간의 수치심을 느끼기 시작하고 환자를 구하기 위한 시도를 진행하는 쪽으로 기울 것이다. 규범은 이와 같은 기울어진 행동을 편애한다.

아니면 사회 과학자들이 이기주의와 이타주의를 연구하기 위해 이용하는 독재자 게임에서 개인 행동과 팀 행동 간의 차이에 대해 생각해 보라.[28] 이 게임에서 피실험자는 이를테면 10달러의 돈을 자신과 어떤 낯선 사람에게 분배할 수 있다는 말을 듣는다. 일반적인 경제학적 예측은 대부분의 피실험자가 거의 모든 돈을 자신에게 분배할 거라는 것이다. 굳이 낯선 사람과 돈을 나누어 가질 이유가 무엇이겠는가? 하지만 일반적인 예측은 틀렸다. 대부분의 피실험자는 6달러에서 8달러 정도를 자신이 갖고 나머지는 나누어 주는 쪽을 선택했다.[29] 매우 흥미로운 결과이지만 여기에서 중요한 점은 사람들이 팀에 배정되었을 때 그들의 개인 행동이 어떤 영향을 받는가 하는 부분이다.

답은 팀 구성원들이 훨씬 더 공평한 분배를 선택한다는 것이다.[30] 이런 결과는 이기적인 행동을 통해 이익을 얻을 것 같은 집단 내에서도 막상 이기적인 행동을 탐탁하지 않게 여기는 수사적 이점을 참조함으로써 가장 잘 설명되는 듯하다. 명백히 사람들은 집단 동료들 앞에서 탐욕적으로 보이고 싶어 하지 않는다. 물론 이러한 결과와 집단 영향의 효과는 독재자 게임에서 팀이 그들의 관대함으로 수혜를 입게 될 사람들에게 적대적일 어떤 이유가 있는 경우에 달라질 수 있다. 이를테면 우리는 비교적 가난하고 곤경에 처한 종교 집단의 구성원들이 적대적인 동시에 훨씬 부유할 것으로 생각되는 다른 종교 집단에 얼마를 분배할지 결정하는 변형된 독재자 게임을 쉽게 상상해 볼 수 있다. 그런 경우에 수사적 이점은 더욱 이기적인 행동을 선호할 것이다.

무엇이 수사적 이점을 만들까? 답은 매우 간단하다. 시간과 장소에 따라 달라지는 지배적인 사회 규범이다. 대부분의 미국인 사이에서 현재의 규범은 다른 조건이 모두 동일할 때 끔찍한 범죄를 저지른 기업에 더 무거운 처벌을 주장하기 쉽게 만든다. 하지만 기업 본사처럼 수사적 이점이 반대 방향으로 작동하는 하위 공동체도 상상해볼 수 있다. 어쨌든 이쪽과 저쪽 중 어느 한쪽이 반사적인 수사적 이점을 갖는 다른 많은 상황을 쉽게 상상할 수 있을 것이다.

가능한 예로 마약 범죄로 기소된 사람들이 더 무거운 처벌을 받아야 하는지, 자국에 더 많은 난민을 받아들여야 하는지, 국방에 더 많은 예산을 지출해야 하는지, 세율을 낮추어야 하는지 등에 관한 논의도 생각해 볼 수 있다. 오늘날의 정치 논의에서는 더 무거운 처벌과 더 낮은 세율을 지지하는 사람들이 대체로 우위를 점하고 있다. 물론 실현 가능한 변화의 수준에는 한계가 있다. 하지만 수사적 이점과 연관되어 있을 때 집단 토론은 개개인의 판단에 유의미한 변화를 불러올 것이다. 의심할 여지 없이 입법 행위는 이런 종류의 메커니즘에 영향을 받으며, 판

사들로 구성된 합의부 내에서 일어나는 많은 움직임도 비슷한 측면에서 설명될 수 있다.

수사적 이점은 아무런 쓸모가 없을까? 또는 유해할까? 변화는 그 자체의 가치로 평가되어야 한다는 점에서 이런 질문에 추상적으로 대답하기란 불가능하다. 토론에 따른 결과로 도출된 좀 더 높은 징벌적 배상금은 아마도 이미 그 자체로 유익한 변화일 것이다. 어쩌면 영웅적인 조치를 시도하는 의사들의 행동과 공평하게 돈을 분배하려는 집단의 행동도 마찬가지이다. 핵심은 수사적 이점이 존재한다는 것이며, 그런 이점이 항상 긍정적인 작용만 한다면 오히려 정말 놀라울 거라는 사실이다.

극단주의의 증감

집단 극화는 사회적 상수(常數)가 아니다. 집단 구성원들의 어떤 특징이나 상황에 따라 증가하거나 감소할 수 있으며, 심지어 제거될 수 있다.

첫째로, 그들은 극단적으로 변할 가능성이 매우 높으며 더욱 극단적으로 변할 가능성도 높다. 또한 기존의 입장을 바꿀 여지가 많으며, 그런 행동이 한 번으로 끝나지 않을 가능성도 높다. 극단적인 지점에서 시작할 때, 그리고 비슷한 생각을 가진 사람들이 모인 집단에 소속될 때 그들은 원래의 시작점에서 더욱 극단적인 방향으로 나아갈 가능성이 높다.[31] 바로 여기에 일반적인 테러와 정치 폭력의 원인을 둘러싼 교훈이 있다. 확신과 극단주의는 서로 연관성을 갖고 있기 때문에 특정 구성원들의 확신이 중요한 역할을 하기도 한다. 요컨대 확신에 찬 사람들은 많은 영향력을 갖는 동시에, 더 극단적으로 변하는 경향이 있다.[32]

둘째로, 집단 구성원들은 그들끼리 동일한 정체성을 공유하고 높은 수준의 결속력을 가졌다고 생각하는 경우에 극화는 더욱 심화될 것이다.[33] 그 이유 중 하나는 사람들이 예컨대 정치나 종교적 신념과 같은 어떤 요인에 의해 모두 하나가 되었다고 생각하는 경우에는 반대 의견이 위축될 것이기 때문이다. 개별 구성원들이 서로를 친근하거나 호감 가는 사람으로, 또는 자신과 비슷한 사람으로 인지하는 경향이 있을 때 변화의 크기와 가능성은 증가할 것이다.[34] 감정적인 유대의 존재는 다양한 주장을 접할 기회를 감소시키고 선택을 둘러싼 사회적 영향을 강화한다. 앞에 언급된 내용이 암시하는 한 가지는 집단 구성원들이 특정 업무에 집중하는 과정을 통해서가 아니라, 대체로 감정적인 유대로 묶여 있는 경우에 실수가 늘어날 가능성이 높다는 점이다. 후자는 대안적인 견해가 표출될 가능성이 낮기 때문이다. 따라서 비호감이거나 친근하지 않은 집단 구성원들이 특정한 방향을 지지하면서 밀어붙이는 경우에 사람들이 그에 맞추어 자신의 입장을 바꿀 가능성은 비교적 낮을 것이다.[35] 즉 〈소속감〉은 극화의 정도에 영향을 미친다.[36] 같은 맥락에서 물리적인 간격은 극화를 감소시키는 경향이 있다. 반면에 공동 운명체 의식과 집단 내 유사성은 극화를 증가시키는 경향이 있으며, 경쟁자인 〈외부 집단〉의 등장도 마찬가지이다.[37]

한 흥미로운 실험은 집단적 정체화의 효과를 조사하고자 했다.[38] 일부 피실험자들에게는 집단의 구성원임을 강조하는 지침이 주어졌고(〈집단 몰입〉 상황), 다른 피실험자들에게는 그와 같은 지침이 주어지지 않았다(〈개인적인〉 상황). 예를 들어, 집단 몰입 상황의 피실험자들은 그들 집단이 전적으로 심리학과 1학년 학생으로만 구성되어 있으며, 개인 자격보다는 한 집단의 구성원으로서 실험을 받게 된다는 설명을 들었다. 그들이 다루어야 할 관련 사안 중에는 소수 집단 우대 정책을 비롯해서 극장에 대한 정부 보조금 지급, 국영 기업의 민영화, 원자력 발전소의 단계적 폐지 등이 포함되었다.

결과는 놀라웠다. 극화 현상이 수시로 나타났다. 하지만 개인적인 상황에서는 최소한의 극화 현상이 관찰되었다. 즉 극화 현상은 집단적 정체성이 강조되는 집단 몰입 상황에서 훨씬 빈번하게 발생했다. 이 실험은 극화 현상이 기본적으로 발생 가능성이 매우 높으며, 한 집단의 구성원이라는 신분이 강조될 때 최고조에 달할 가능성이 높다는 사실을 강력하게 암시한다. 모든 유형의 정치 활동가들은 대체로 이런 사실을 잘 알고 있다. 수많은 기업가도 마찬가지이다.

셋째로, 시간이 지남에 따라 그 집단이 추구하는 방향에 동의하지 않는 구성원들이 집단을 떠나면, 이른바 〈탈출〉 때문에 집단 극화는 더욱 강화될 수 있다.[39] 탈출이 만연해지면 극단주의 성향은 더욱 심화될 것이다. 결국 집단의 규모는 점점 작아지겠지만, 구성원들은 한마음 한뜻으로 뭉치며 더욱 극단적인 행동을 취하게 된다. 이런 사실이 의미하는 바는 내부적인 토론이 더 극심한 극단주의를 낳을 거라는 것이다. 가장 강력한 충성파들만 남게 된다면 집단 구성원들의 중앙값은 좀 더 극단적인 쪽에 위치하게 되고, 토론은 갈수록 더 극단적인 행동을 양산하게 된다.

넷째로, 한 집단에서 한 명 이상의 사람들이 어떤 사실에 관련된 문제의 올바른 답을 알고 있을 때 그 집단은 정확성을 추구하는 방향으로 움직일 가능성이 높다.[40] 예의 질문이 1940년에 지구상에 얼마나 많은 사람이 살고 있었는지, 2004년에 어디에서 올림픽이 열렸는지, 베를린과 파리가 얼마나 떨어져 있는지에 관한 것일 때 한 명이나 그 이상의 사람들이 올바른 답을 알고 있다면, 그 집단은 서로 대립하기보다 올바른 답으로 수렴할 가능성이 높다. 이유는 간단하다. 답을 알고 있는 사람이 확신과 권위를 가지고 이야기하면 정확히 그런 이유로 설득력을 가질 것이기 때문이다.

물론 상황은 꼭 그렇게만 흘러가지 않는다. 솔로몬 아시의 동조 실험은 사회적 압박이 단순한 사실과 관련된 주장에 대해서도 실수를 유도할 수 있음을 보여 준다. 하지만 많은 경우에 무지한 집단 구성원들은 결단을 내리지 못하고, 정보를 가진 구성원들은 확신에 찬 목소리를 낼 것이다. 이런 차이는 그 자체로 극화보다 진실로의 수렴을 보장하기에 충분하다. 그리고 여기에 극화를 막는 어떤 것과 폭포 현상을 무너뜨리는 어떤 것 간의 연관성이 존재한다. 바로 진실을 알거나, 알고 있다고 여겨지는 사람들의 존재이다.

이런 관점에서 볼 때 개인에 비해 집단이 갖는 잠재적 이점을 보여 주는 일단의 실험 결과를 이해하기는 한결 쉬워진다.[41] 관련 실험은 두 가지 분석 작업을 동반했다. 첫 번째는 피실험자들에게 파란 공과 빨간 공이 섞여 있는 항아리의 내용물을 추측하도록 요구함으로써 통계학적인 문제를 제시했다. (이 실험은 집단적 의사 결정 행위를 포함했으며, 폭포 현상을 위한 실험은 아니었다.) 두 번째는 통화 정책과 관련된 문제를 포함했는데, 참가자들에게 금리를 조종해서 경제를 일정한 방향으로 유도하도록 했다.

피실험자들은 개인 자격으로, 그리고 집단의 일원으로서 실험을 수행하도록 요구받았다. 두 실험의 기본적인 결과는 비슷했다. 즉 집단이 개인보다 훨씬 뛰어난 성과를 보여 주었다(그리고 모든 것을 감안할 때 결정을 내리기까지 소요된 시간도 딱히 더 오래 걸리지 않았다). 아마도 가장 놀라운 사실은 만장일치를 조건으로 도출된 집단 결정과 다수결의 원칙을 조건으로 도출된 집단 결정 사이에 아무런 차이가 없었다는 점이다.

이런 결과를 어떻게 설명할 수 있을까? 실험자들도 완전한 설명을 제공하지 못한다. 한 가지 명백한 가능성은 각 집단에 그 집단을 올바른 방향으로 움직일 수 있는 한 명 이상의 강력한 분석가가 포함되었을 수 있다는 것이다. 하지만 최고의 개인 참여자들이 보여 준 성과와 비교되는 일련의 역행적인 결과는 이와 같은 가설에 혼란을 더할 뿐이다.[42] 이 실험에서 집단 성적은 다양한 개인 참가자들 사이에서 확산된 최고의 의견과 주장에 따라 주도된 것으로 보인다. 그리고 바로 여기에서 우리는 집단이 개인보다 더 나은 성취를 보일 수 있다는 만연한 믿음을 뒷받침하는 단서를 발견한다.

다섯째로, 탈극화 현상은 양극단에서 공평하게 차출된 개인들로 관련 집단이 구성될 때 관찰될 수 있다.[43] 조심하는 쪽을 선호하는 5명이 모험을 선호하는 5명과 같은 집단으로 묶이면, 그 집단의 판단은 중간을 향해 움직일 수 있을 것이다. 총 6명으로 구성되고 세부적으로는 각각 3명씩 양극단을 대표하는 사람들로 구성되며 두 개의 하위 집단을 포함하도록 설계된 집단에 관한 연구를 참고하자. 토론의 효과는 그 집단이 중간 지점을 향해 나아가도록 만들었다.[44] 한 가지 이유는 양쪽 모두에 대한 정보의 존재와 설득력 있는 주장 때문일 것이다.[45]

흥미롭게도 동수의 대조적인 구성원들로 이루어진 이 하위 집단에 관한 연구는 1900년 당시의 미국 인구가 얼마인지와 같은 사실이 불분명한 문제에서 가장 많은 탈극화 현상을 발견했다. 그리고 지극히 명백한 (사형 제도가 과연 합당한가와 같은) 공공 문제에서 가장 적은 탈극화 현상을 발견했다. 예컨대 농구나 축구에 대한 선호도,

방을 어떤 색으로 칠할 것인지와 같은 개인적인 취향과 관련된 문제에서는 적당한 정도의 탈극화 현상이 발견되었다.[46] 이런 이유로 〈익숙하고 오랫동안 논란이 되어 온 사안들에서는 탈극화 현상이 좀처럼 쉽게 나타나지 않았다〉.[47] 이러한 사안에서는 사람들이 기존 입장을 조금도 바꾸려고 하지 않았다. 〈전체적인 논의 풀이 오랜 기간에 걸쳐 익숙해지고〉,[48] 그 결과 토론에서 새로운 이야기가 전혀 나오지 않게 된 것도 이유 중 하나였다.

이 같은 발견은 또 다른 점을 암시한다. 강력한 확신을 가지고 시작하는 경우에 집단 구성원들의 생각이 전혀 바뀌지 않을 수 있다는 사실이다. 브렉시트에 찬성하는 집단을 브렉시트에 반대하는 집단과 합친다면, 그들은 끝까지 매우 높은 확률로 합치기 이전의 상태 그대로 남아 있을 것이다.

관련해서 집단 극화 현상을 완화할 방법을 알아내기 위해 고안된 한 가지 실험을 참고할 필요가 있다.[49] 해당 실험은 사람들을 4명씩 여러 집단으로 나누었고, 각 집단에는 특정한 정치적 사안(예컨대 공공장소에서의 흡연을 금지해야 하는지, 성차별이 이제는 과거의 일이 되었는지, 성인물에 대한 검열이 인간의 자유를 침해하는지 등)에 대해 사전 실험에서 상반된 생각을 가진 것으로 나타난 사람들이 똑같은 비율로 배정되었다. 각각의 판단은 +4(강력한 동의)부터 0(중립)과 -4(강력한 비동의)를 기준으로 분류되었다.

절반에 해당하는 사례(분류되지 않은 상태)에서 피실험자들은 자신이 속한 집단이 사전 실험을 통해 동일하게 나뉜 하위 집단으로 구성되어 있음을 알지 못했다. 나머지 절반의 사례(분류된 상태)에서는 피실험자들에게 동일하게 나뉜 하위 집단으로 이루어진 집단 내에서 뚜렷한 분열을 발견하게 될 거라는 설명이 제공되었다. 아울러 그들은 누가 어느 집단에 속해 있는지에 관한 정보도 제공받았으며, 테이블을 가운데 두고 한 하위 집단이 다른 하위 집단을 마주 보고 앉아야 한다는 설명도 들었다. 분류되지 않은 상태에서 토론은 대체로 평균적인 격차의 극적인 감소로 이어졌고, 그 결과 상반된 양쪽 입장의 중간 지점을 향한 의견 수렴(+4부터 -4까지를 기준으로 평균 3.40점)이 이루어졌다.

반면에 분류된 상태에서는 상황이 매우 달랐다. 여기에서는 중간 지점을 향한 변화가 훨씬 덜 두드러졌다. 거의 변화가 없는 경우(평균 1.68점)도 빈번했다. 소속감에 대해서 주의를 환기시키는 것만으로도 사람들이 다른 하위 집단에 속한 사람들이 주장하는 방향으로 움직일 가능성은 크게 감소했다.

집단 영향 — 동조와 폭포 현상, 극화 현상 — 에 관한 논의는 이제 끝났다. 나는 다양한 사회 과학적인 실험 결과를 강조했다. 동시에 이런 결과가 법적인, 정치적인 문제들과 어떤 관계가 있는지에 대해서도 살펴보았다. 이 외에도 적용할 곳은 얼마든지 많으며, 어디에 적용하든 그것은 명백히 각자의 선택일 것이다. 이후의 논의에서는 집단 영향에 대한 이해가 법적인 문제를 설명하는 데 도움이 되는 네 가지 영역에 집중한다.

첫 번째는 법의 표현적 기능, 즉 법을 토대로 한 단순한 진술이 사람들의 행동에 영향을 미칠 수 있는 상황과 관련 있다. 나는 법적인 공표와 밀그램의 실험자, 일치된 견해로 무장한 아시의 공모자들 사이에서 하나의 연관성을 이끌어 낸다. 두 번째는 다양하고 상반된 의사 표현에 대한 근본적인 열정을 기초로 한 미국의 헌법 제도와 관련 있다. 나는 미국 헌법이 독특한 종류의 숙의 민주주의 — 이질성을 존중하는 숙의 민주주의 — 를 만든다고 주장한다. 세 번째는 반대 의견이 항상 도움이 되는 것은 아닌 곳에서 반대 의견이 가지는 가치와 관련 있다. 바로 연방 법원이다. 판사들도 집단 극화 현상뿐 아니라 동조와 폭포 현상의 영향을 받는 까닭에 연방 법원 내에서 이념적 다양성을 증진하는 것은 특히 중요하다. 마지막으로 네 번째는 고등 교육에서의 소수 집단 우대 정책과 관련 있다. 나는 대체로 인지적 다양성이 갖는 중요성에 집중하면서 인종적 다양성이 암시하는, 즉 일부 영역에서는 (관련) 생각들을 주고받는 것이 중요하지 않을 수 있지만, 대학 교육과 로스쿨 교육 등 다른 영역에서는 중요할 수 있다는 양면적인 교훈을 제안한다.

4장

법과 제도

그동안 많은 사람이 위법 행위를 실질적으로 처벌함으로써 해당 행위를 직접적으로 규제하는 법의 역할이 아닌 법에 존재하는 표현적 기능 — 이른바 법의 〈진술〉 역할 — 에 관심을 가져 왔다.[1] 이 장에서 나는 세 가지를 주장하고자 한다. 첫째는 어떤 입법 행위가 선행이거나, 남들이 선행이라고 생각하는 행위에 대해서 신호를 보내고 있다고 생각할 때 법의 표현적 기능을 잘 이해할 수 있다는 점이다. 둘째는 위법 행위가 지극히 가시적인 경우에 법적인 표현이 매우 효과적일 수 있다는 점이다. 사람들은 타인의 분노를 유발하고 싶어 하지 않으므로 가시성은 중요하다. 셋째는 위법을 저지른 사람들이 비(非)순응에 대해 오히려 보상을 제공하거나, 적어도 불이익을 부과하지 않는 일탈적인 하위 공동체에 속해 있는 경우에 법의 표현 기능은 효과가 떨어질 수 있다는 점이다. 그런 경우에 하위 공동체 내부의 행위는 법이 가진 효과를 방해할 수 있다.

이런 점들은 각각 동조와 폭포 현상, 집단 극화에 대한 이해와 밀접하게 연관되어 있을 수 있다. 따라서 우리는 언급된 현상들을 이해함으로써 정부가 언제 공적 집행에 의존하지 않으면서 순응을 이끌어 낼 수 있는지, 그리고 어떤 경우에 공적 집행을 피할 수 없는지를 알 수 있을 것이다.

법이 주는 신호

때로는 법이 거의 집행되지 않음에도 저절로 또는 자동으로 순응 현상이 일어나는 경우도 있다.[2] 바로 이런 점에서 법은 그 자체로 진술 기능을 가진 것처럼 보이며, 단순히 그와 같은 진술의 힘만으로도 효과를 발휘하는 것처럼 보인다. 이런 효과가 발생하는 이유는 법이 정보적인 측면과 평판적인 측면에 관한 신호를 제공하기 때문이다. 법이 합리적인 사람들에게 만들어진다면, 그렇게 만들어진 법이 특정한 어떤 행위를 금지한다면 그 행위는 마땅히 금지될 만하다고 추정할 충분한 이유가 있다. 또한 법이 특정한 어떤 행위를 금지한다면 그 행위는 다른 사람들이 당연히 금지되어야 한다고 생각할 만한 충분한 이유가 있을 것이다. 둘 중 어느 경우에도 합리적인 사람들은 법이 그들에게 요구하는 행동을 할 분명한 이유가 있는 셈이다.

물론 추정은 반박될 수 있다. 충분히 많은 정보를 가진 사람들이라면, 어쩌면 그 법이 사람들로 하여금 의미 없는 어떤 행동을 하거나 합리적인 어떤 행동을 하지 말도록 요구한다는 사실을 알 수도 있을 것이다. 여기에 더해서 그들은 대부분의 사람이, 또는 직접적인 관련자들이 사실상 그 법을 거부하고 있음을 알고 있을지도 모른다. 하지만 이런 경우가 일반적이라기보다 예외적인 것에 불과하다면, 우리는 왜 아무도 강요하는 사람이 없음에도 법이 어떤 행동을 이끌어 내는지 더욱 잘 이해할 수 있을 것이다.

일례로 공공장소에서의 흡연을 금지하는 법에 관한 경험적인 연구를 참고하자.[3] 이 연구가 주는 교훈은 간단하다. 관련 법이 거의 집행되지 않음에도 사람들은 공공장소에서 흡연하지 말라는 요구에 순응한다는 사실이다. 해당 연구는 캘리포니아주에 위치한 세 도시 — 버클리와 리치먼드, 오클랜드 — 에서 당국이 위반과 관련된 불만의 목소리를 거의 접하지 못했다는 사실을 발견한다. 버클리에서는 시 보건국 담당 공무원들이 단 한 건의 정

4장 법과 힘

식 소환장도 발부할 필요가 없었고, 기소된 사건 또한 단한 건도 없었다. 리치먼드에서는 식당에서의 순응은 거의 100퍼센트였고, 직장에서의 순응은 75퍼센트에서 85퍼센트에 달했다. 오클랜드에서도 〈거의 모든 단골손님이 흡연자인 아시아인 공동체의 특정 식당들〉을 제외하면 순응 수준은 매우 높았다.[4] 높은 수준의 순응은 직장과 고등학교, 패스트푸드점에서도 발견되었다. 매사추세츠주의 케임브리지와 매니토바주의 위니펙에서 진행된 다른 연구들도 공공장소에서의 흡연 금지가 거의 자율적으로 준수되고 있음을 발견한다.[5]

이 같은 증거는 법적 공표가 일치된 견해로 무장한 솔로몬 아시의 공모자들과 동일한 효력을 가질 수 있다고 암시한다. 요컨대 공공장소에서의 흡연을 법적으로 금지한다는 공표는 모든 것을 고려할 때 공공장소에서의 흡연이 잘못된 행동이라는 취지의 정보를 전달한다. 여기에 더해서 그 법이 대부분의 사람은 공공장소에서 흡연하는 행위를 잘못이라고 생각한다고 암시한다는 점도 마찬가지로 중요하다. 또한 대부분의 사람이 공공장소에서 흡연하는 것을 잘못된 행동이라고 생각한다면 잠재적인 예비 흡연자들이 담배를 배우게 될 가능성도 줄어들 수 있다. 굳이 담배를 배움으로써 괜한 비난이나 질책을 받고 싶지 않을 것이기 때문이다. 중요한 것은 예비 흡연자들도 자신을 질책하려는 사람들이 법을 같은 편으로 가지고 있음을 안다는 사실이다. 즉 그들은 단지 흡연자들 주위에 있고 싶어 하지 않는 사람들과 맞서는 것이 아니다. 그들이 맞서야 하는 사람들은 아마도 흡연자들이 법을 위반하고 있다고 주장하는 사람들이다.

결국 법이 효력을 갖지만, 강제로 집행되지 않는 중요한 이유는 사적인 집행이 가능하기 때문이다. 위반 행위가 높은 수준의 가시성을 갖는 경우에, 그리고 위반자들이 이른바 사적인 집행자들의 분노를 살 위험이 있는 경우에 순응은 확산될 가능성이 높다. 〈거의 어디에나 존재하고 자기 본위적이며 강력한 동기를 지닌 사적인 집행자들 — 담배 연기에 노출되기를 거부하는 비흡연자들 — 에게 공공장소에서의 흡연을 금지하는 법을 위반하는 행위는 음주 운전이나 마약 복용, 조세 포탈 등을 금지하는 법을 위반하는 행위와 대조적으로 비교적 가시적이다.〉[6] 어떻게 보면 법은 아무런 구속력이 없음에도 상당한 권위를 갖는 스탠리 밀그램의 실험자와 비슷하다고 할 수 있다. 실험자의 권위가 지식과 전문성에 대한 인지에서 비롯된다는 점에서 법 또한 매우 유사한 특징을 갖기 때문이다.

우리는 기본법을 〈규범 관리〉의 수단으로 — 그것도 비용이 아주 저렴한 수단으로 — 생각할 수 있다. 순응을 이끌어 내기 위해 국민의 세금을 사용할 필요가 없다는 측면에서 법은 저렴한 수단이다. 또한 최상의 경우에 자기 표현적인 법은 폭포 현상을 유발하거나, 종식시키거나, 부채질할 수도 있다. 일단 순응이 시작되고 나면, 그리고 (특히 〈유행의 선도자들〉에게) 널리 인정되고 나면 정보적, 평판적 영향으로 촉진되는 순응 폭포 현상이 발생할 것이다. 성희롱이나 흡연 문제와 관련해서 법은 이미 파도를 탄 것처럼 보인다. 그리고 (비록 여전히 부족하기는 하지만) 그 파도를 상당히 확대한 것처럼 보인다.[7]

여기에서 핵심은 법이 일반 대중보다 앞서 있지만, 너무 멀리 앞서 있지는 않다는 것이다. 만약 대중보다 앞서 있지 않다면 법은 어떠한 보탬도 되지 않고, 그런 의미에서 아무런 영향력이 없다. 반면에 법이 대중보다 너무 멀리 앞서 있다면 공격적인 법 집행 활동 없이는 아무런 효과를 발휘할 수 없다. 그리고 대중보다 너무 멀리 앞선 법은 바로 그 이유 때문에 공격적으로 집행되지 못한다. 대중이 처벌을 지지하지 않는 경우에 검사와 배심원이 누군가를 처벌할 가능성은 적기 때문이다. 법은 기존의 사회 가치를 넘어서는 동시에, 그러한 가치에 근거한다고 주장할 수 있을 만큼 충분히 가까이 남아 있을 때 그 효과가 가장 클 것이다.

지금까지 나는 잠재적인 위반자의 관점에서 상황을 강조했다. 하지만 법은 사적인 집행자에게도 영향을 끼친다. 법적인 금지가 없을 때 공공장소에서의 흡연에 반대하는 사람들은 담배 연기가 거슬리거나 그 이상으로 불편해도 항의하는 데 소극적일 수밖에 없다. 하지만 그들을 지지하는 법이 존재함으로써 그들의 생각이 옳을 뿐 아니라 믿음이 일반적으로 공유된다고 암시한다면, 그들은 더욱 적극적으로 행동할 수 있을 것이다. 법이 편을 들어 준다면 편협한 행동 양식을 들먹이며 시끄럽게 참견하는 사람처럼 보일 가능성은 낮아진다. 그들의 행동은 일종의 법 위반 행위를 지적하는 것이 되는 까닭이다. 그들이 추구하는 행동을 법 또한 요구한다면 과속이나 음주 운전, 성희롱, 공공장소에서의 흡연 등에 대해 항의하는 사람들은 매우 높은 확률로 자신의 항의가 타당하다고 생각할 것이다. 여기에 더해서 그들이 다른 사람들도 그 항의가 타당하다고 여길 거라고 생각할 가능성이 높다는 점 또한 마찬가지로 중요하다. 이런 생각은 그들을 대담하게 만들 수 있기 때문이다.

물론 지금 이것이 그림의 전부는 아니다. 어떤 사람

들에게 법은 높은 수준의 도덕적 권위를 지니며, 많은 사람이 공유함에도 법으로까지는 제정되지 않는 견해들을 크게 능가한다. 이 말이 사실이라면 법의 권위는 일치된 견해로 무장한 아시의 공모자들이 보여 준 권위를 훨씬 초월할 것이고, 어쩌면 밀그램의 실험자가 보여 준 권위 역시 초월할 것이다. 그런데도 법이 가지는 도덕적 권위를 완전히 이해하기 위해서는 법의 도덕적 권위가 지금까지 내가 계속해서 강조해 온 정보적, 평판적 요소와 복잡하게 얽혀 있음을 알 필요가 있다.

규범 관리의 전제 조건

유의미한 집행 활동 없이 규범 관리가 효과를 발휘하는 때는 언제일까? 실패할 때는 언제일까? 법에 순응해야 할지 말지를 고려하는 어떤 합리적인 사람으로 시작해 보자. 관련해서 고려해야 할 사항으로는 ① 집행의 개연성 ② 집행될 경우 처벌의 크기 ③ 위반에 따른 평판적 비용 ④ 위반에 따른 평판적 이득 ⑤ 순응에 따른 본질적인 이득 (흡연을 포기하면 건강적인 측면에서 이득이 될 것이다) ⑥ 순응에 따른 본질적인 비용(흡연하면 굉장히 즐거워지고, 흡연하지 못하면 굉장히 불쾌해질 것이다) 등이 있다. 정부가 통제할 수 있는 변수들이 있다면 무엇을 적용하더라도 정부는 더 많은 순응을 이끌어 낼 수 있을 것이다. 현재의 목적을 위해 나는 ③과 ④에 역점을 둔다. 비록 나는 흡연 문제를 예로 들었지만, 음주 운전이나 운전 중에 문자를 주고받는 행위, 나이 차별, 불법 약물 남용, 절도 등 우리가 예로 이용할 수 있는 것은 얼마든지 많다.

어떤 법을 공표하는 것이 효과적인지 알기 위해서는 사적인 집행의 본질과 정도를 파악하는 것이 핵심이다. 아시의 실험에서 익명으로 답을 제출하는 경우에, 그리고 올바른 답을 제시함으로써 금전적인 보상을 받는 경우에 실수가 상당 부분 감소했음을 떠올려 보라. 이러한 결과는 사회적 맥락에서 사소해 보이는 어떤 변화가 순응 압박을 좌절시킬 수 있음을 암시한다. 같은 측면에서 집행 없는 순응과 가시성 간의 밀접한 경험적인 연관성을 고려할 필요가 있다. 장애인 주차 구역에 주차하거나 공공장소에서 흡연하는 행위는 쉽게 눈에 띄며, 두 경우 모두 사적인 집행이 이루어질 가능성이 높다. 참고로 보통의 운전자들은 비장애인이 장애인 주차 구역에 주차하는 행위를 그다지 좋아하지 않는다. 반면에 조세법 위반과 성범죄는 눈에 잘 띄지 않는 경향이 있으며, 위반이 진행되는 시점에 위반자들은 대중의 맹비난을 살 위험에 대해 크게 걱정하지 않는다.

순응이 있을지, 없을지 알기 위해서는 순응이나 비순응 행위가 보내는 신호의 의미를 명확히 규정할 필요가 있다. 단순히 법을 제정하는 것만으로도 사람들의 행동에 수반되는 신호를 바꿀 수 있기 때문이다. 예를 들어, 법 제정은 이전까지 비겁하거나 비난조로 보이던, 또는 다른 경우였다면 사회적으로 해가 되는 신호를 제공했을 어떤 행위자의 행동을 고결한 것으로 보이도록 만들 수 있다. 일례로 좌석 안전띠를 매고 싶지만, 자신이 겁쟁이라는 신호를 보내기 싫어서 안전띠를 매지 않는 10대 소년이 있다고 가정해 보자. 안전띠를 매도록 요구하는 법은 안전띠를 매기로 한 결정이 일반적인 두려움보다 법에 대한 순응을 반영하는 행동으로 만들 수 있다. 음주 운전을 하거나 운전 중 문자를 보내는 행위를 금지하는 법 또한 비슷한 이유로 효과적일 수 있다.

요컨대 법의 존재는 그 자체만으로 순응의 〈의미〉를 바꾸고, 순응하는 사람들이 단순히 법을 잘 준수하는 사람들임을 암시할 수 있다. 마찬가지로 이제 새롭게 변한 상황에서 법을 위반하는 사람들은 (엄밀히 말하자면) 범죄자일 뿐이다. 우리는 이런 변화로 오히려 위반이 증가하는 상황도 상상해 볼 수 있다. 실제로 어떤 사람들은 저항자가 되고 싶어 하고, 그런 사람들은 자신이 법을 위반할 때에 더 좋아할 것이다. 하지만 대부분의 공동체에서는 법 제정 — 법의 자기 진술 — 이 사람들의 행동을 바람직한 방향으로 바꾸는 경향을 가진다. 어떤 사회 규범을 알고 있는 경우에 사람들은 그에 순응하는 경향이 있다는 행동 연구 결과를 참고하라. 이 실험 결과는 조세에 대한 순응을 촉진하고, 불법 약물 사용을 줄이며, 의사들에게 과도한 오피오이드 처방을 줄이도록 권장하는 데 응용되어 왔다.[8]

한편 위반 행위가 사적인 지지를 받는 경우에는 법의 표현적 기능이 위축되거나 방해받을 수 있다. 〈사람들은 비난받는 행위의 타당성을 계속해서 인정하는《일탈적인 하위 문화》의 사회적인 지지를 받을 때 처벌의 위험이 상당함에도 불구하고 지배적인 규범이나 법을 무시할 것이다.〉[9] 그런 경우에 잠재적인 위반자들은 — 적어도 원칙이나 자기 이익에 근거해서 순응하지 말아야 할 분명한 이유가 존재하는 한 — 대체로 밀그램의 실험에서 동료들의 지지를 받는 피실험자들과 같은 입장에 있다고 할 수 있다. 만약 당신이 흡연자나 마약 복용자들에게 둘러싸인 흡연자나 마약 복용자라면, 법이 이런 행동을 금지한다고 하더라도 계속할 것이다. 그리고 법이 무의미하게 여겨지는 환경에서는 위반 행위에 대한 사적인 지지가 아시의 실험에서 이성의 목소리처럼 작동할 수 있다.

그러므로 법을 위반하는 행위가 존경이나 전반적인 위상의 증가와 같은 형식으로 사실상 보상받는 〈일탈적인 하위 문화〉는 얼마든지 존재할 수 있다. 또한 법에 순응하는 사람들이 조롱이나 배척, 폭력을 통해 가혹한 〈비난을 받는〉 하위 문화도 얼마든지 있을 수 있다. 마약 복용은 가장 명백한 예이다. 갱단의 폭력은 때때로 그러한 행동이 같은 패거리들에게 기대되고 보상받는다는 단순한 이유 때문에 발생하기도 한다. 이런 공동체 안에서 어쩌다 한 번씩 집행되는 법은 그다지 효과가 없을 것이다. 사적인 집행이 거의 없을 뿐 아니라 사실상 사적인 세력이 순응에 강력하게 저항할 것이기 때문이다. 어쩌면 〈비순응 폭포 현상〉까지 등장할 수 있다. 그리고 반체제적인 〈유행의 선도자들〉을 비롯한 다른 유명한 사람들이 법을 위반하는 모습을 다른 사람들이 목격하게 된다는 점에서 비순응 폭포 현상은 정보와도 관련이 있을 수 있다. 게다가 사람들이 자신에게 유의미한 공동체 안에서 법을 위반함으로써 타인의 호평을 잃지 않고, 어쩌면 약간의 이익도 챙길 수 있음을 알게 된다는 점에서 평판과도 관련이 있을 수 있다.

이런 측면에서 우리는 장애인 주차 구역에 불법으로

주차하거나 공공장소에서 흡연하는 행위를 법으로 금지하는 조치에 대해서는 많은 사람이 순응하는 반면에, 어떤 성적인 행위나 (특정한 영역에서의) 내국세 입법을 법으로 금지하는 조치에 대해서는 훨씬 적은 사람들이 순응하는 이유를 쉽게 짐작할 수 있다. 아울러 시민 불복종 현상을 이해하는 것도 가능하다. 시민 불복종에 참여하는 사람들의 수가 임계량에 도달할 때 (이를테면 인종 분리를 요구하는) 관련 법은 어떤 행동을 취해야 하는지, 그리고 (합리적인) 사람들은 어떤 행동을 취해야 한다고 생각하는지에 대한 증거 능력을 상실한 채 권위를 잃는다. 법의 권위가 소위 법에 불복종하는 사람들의 권위에 압도되는 것이다. 여기에서의 순응 압박과 폭포 현상, 집단 극화는 불복종을 강력히 지지한다.

정부는 눈에 잘 보이지도 않는 위반 행위가 만연한 골치 아픈 상황에 어떻게 대처할 수 있을까? 한 가지 가능한 해결책은 사람들에게 높은 수준의 자발적인 순응에 대해 (정말로 그런 것이 존재한다면) 알리는 것이다. 사람들은 타인의 행동을 따라 하는 것을 좋아하기 때문에 대부분의 사람이 법을 지키거나 해로운 행위를 삼간다는 사실을 상기시킴으로 큰 효과를 볼 수 있다. 실제로 납세자들은 대부분의 사람이 자발적으로 세금을 납부한다고 믿는 경우에 조세법에 순응할 가능성이 매우 높고, 비순응이 만연해 있다고 믿는 경우에 순응할 가능성이 매우 낮다.[10] 유사한 예를 대학 캠퍼스에서도 찾아볼 수 있다. 〈폭음(暴飮)〉을 즐기는 학생들은 폭음하는 사람들의 수가 실제보다 많다고 믿는 경향이 있다. 실제 수치를 알게 된다면, 그들이 기존의 행동을 계속할 가능성은 낮아질 것이다.[11] 이런 예들은 집단 영향을 이해하고, 타인의 행동을 통해 전달되는 정보를 이해하는 것이 불법적인 행위나 그게 아니라도 자신과 타인에게 위험한 행위를 줄이는 데 도움이 될 수 있음을 암시한다.

이제 제도의 설계 문제로 넘어가자. 우리가 앞서 보았듯이 동조나 폭포 현상, 집단 극화가 일어날 가능성과 영향은 제도의 선택에 따라 크게 좌우된다. 특히 상기할 점은 개인적으로 올바른 결정을 내리기보다 올바른 집단 결정을 내림으로써 보상받을 때 사람들이 자신의 정보를 공개할 가능성이 훨씬 높다는 사실이다.

먼저 나는 동조가, 그리고 반대 의견을 억누르는 행위가 군의 만전 태세를 약화시킬 수 있다고 암시하면서 반대 의견과 전쟁의 관계에 대해 간략하게 언급하고자 한다. 또한 미국 헌법상의 몇몇 제도를 분석하면서 헌법을 제정한 사람들의 가장 큰 이론적 공헌은 다양성과 정부 내에서 일어날 수 있는 여러 견해의 〈충돌〉을 열정적으로 추구했다는 사실에 있다고 주장한다. 그런 다음에는 이 시대의 사안으로 눈을 돌려서 연방 판사들에게 미치는 집단 영향의 역할과 고등 교육에서 실시되고 있는 소수 집단 우대 정책의 명분으로서 〈다양성〉을 둘러싼 논란을 검토하고자 한다.

반대 의견과 전쟁

이제 우리는 사회적 영향을 이해함으로써 자신의 이익을 희생하는 동시에, 대중을 이롭게 하는 대다수 내부 고발자들과 반대자들의 사회적 역할을 더욱 잘 이해할 수 있음을 알게 되었다. 어쩌면 여기에서 가장 일반적인 요점은 민주적인 제도에서 다양성과 반대 의견이 수행하는 역할과 관련 있을 것이다. 제2차 세계 대전 당시에 루스벨트 행정부의 고위급 관리였던 루서 귤릭Luther Gulick의 말을 고려할 필요가 있다. 1948년에 연합군이 승리한 직후에 귤릭은 〈제2차 세계 대전을 통해 본 행정적 고찰〉이라는 상상력이 부족한 제목으로 일련의 강연을 진행했는데, 그의 강연은 관료주의적 구조와 행정부 개혁을 둘러싼 일단의 관찰 결과를 비교적 상세하게 제공했다.[12] 짧은 맺음말에서 귤릭은 민주주의 국가들의 전쟁 능력과 그들의 적인 파시스트들의 전쟁 능력을 비교하기 시작했다.

굴릭은 우선 미국에 대한 독일과 일본 지도자들의 평가가 〈으쓱한 기분이 들 만한 것이 아니었다〉라고 언급했다.[13] 그들의 평가에 따르면, 미국은 〈민주주의 체제 아래에서 서로 다른 언어를 사용하는 사회 때문에 분열되어 있었을뿐더러 자본주의 체제 아래에서 상충하는 사적인 이해관계 때문에 교착 상태에 빠져 있었고, 그래서 자국을 방어하는 부분에서도 신속하거나 효율적인 국가적 행동이 불가능한 상태였다〉.[14] 즉 미국의 적국들은 미국이 싸울 능력이 없다고 말했고, 자신들이 한 말을 믿었다. 그리고 독재 국가는 진정한 장점을 가진 것처럼 보였다. 그들에게는 어떠한 지체나 무기력, 극심한 내부 분열도 없었다. 교육을 받지 못했거나 지능이 떨어지는 일부 시민들의 의견을 깊이 생각해 볼 필요도 없었다. 독재 정권은 더 쉽게 국민의 단합과 열정을 이끌어 내고, 기습을 성공시키며, 정력적이고 신속하게 행동하도록 만들 수 있는 단 한 명의 지도자와 완전한 위계질서만 있으면 충분한 듯 보였다. 하지만 전체주의 체제의 장점과 관련한 이런 주장은 모두 〈엉터리〉인 것으로 밝혀졌다.[15]

미국과 연합국들은 결과적으로 독일과 이탈리아, 일본보다 훨씬 더 나은 성과를 보여 주었다. 그리고 굴릭은 그들이 보여 준 우월함을 민주주의 자체와 특히 〈오직 민주주의만 제공할 수 있는 종류의 검토와 비판〉과 직접적으로 연관 지었다.[16] 전체주의 체제에서 계획은 〈소수의 불완전한 정보를 가진 사람들의 손에서 비밀리에 부화된 뒤 독재 권력으로 집행된다〉.[17] 그런 계획들은 치명적인 약점을 포함할 가능성이 높다. 반면에 민주주의는 폭넓은 비판과 토론을 허용하여 〈많은 재앙〉을 피할 수 있다.

전체주의 체제에서는 누구도 비판이나 제안을 원하지 않으며 새겨듣지도 않는다. 〈지도자들조차 자신이 선전하는 내용을 믿는 경향이 있다. 권위와 정보의 흐름은 하나같이 위에서 아래로 흐르며〉 어떤 변화가 필요한 경우에도 수뇌부는 그러한 필요성을 전혀 알 수 없다. 반면에 민주주의 체제에서는 〈어떤 프로그램이 일단 가동되면 대중과 언론은 실패를 암시하는 최초 증거를 관찰하고 비판하는 데 주저함이 없다〉.[18] 민주주의에서 정보는 정부 안에서 — 가장 낮은 계급과 가장 높은 계급 사이에서 — 여론을 통해 순환한다. 물론 전시에는 반대 의견이 음 소거 상태가 될 수 있고, 이런 음 소거 상태는 내가 앞서 언급한 이유들 때문에 득이 되거나 실이 될 수 있다. 모든 사람이 똑같은 의견을 공유하는 것처럼 보이면 사기는 강화될지 모른다. 하지만 의견 충돌이 줄어들면 유익한 생각들 — 전쟁의 본질이나 범위, 정의, 지혜 등과 관련된 — 도 테이블에서 사라질 수 있다.

침울함과 놀라움이 뒤섞인 태도로 귤릭은 미국과 연합국이 독일과 일본, 이탈리아보다 더 나은 결속력을 보여 주지 못했다고 언급했다. 〈동일한 실제나 가상의 집단 위협에 노출될 때 집단 충성심이라는 동일한 반응을 일으킨다는 점에서 전 세계 사람들의, 이른바 집단을 좋아하는 사회적 충동은 대체로 동일한 듯 보인다.〉[19] 독일과 일본 지도자들이 보여 준 상명 하달식 대중 사기 관리는 실제로 효과가 있었다. 독재 국가들이 전쟁에서 덜 성공적이었던 이유는 대중의 충성심이 부족하거나 불신이 더 많았기 때문이 아니라, 지도자들이 민주적인 절차에서 나오는 견제와 수정을 거치지 않았기 때문이다.

여기에서 귤릭이 주장하고자 하는 바는 이의 제기가 빈번할 때, 사람들이 스스로를 억압하지 않을 때, 정보가 자유롭게 흘러갈 때 제도가 더욱 잘 작동한다는 것이다. 물론 귤릭은 일단의 특별한 사건들에 대해 자신의 개인적인 이야기를 제공할 뿐이며, 우리는 전쟁에서의 승리가 민주적인 제도의 산물인지, 아닌지 실질적으로 알지 못한다. 일례로 소련은 스탈린의 폭정 아래에서도 용맹하게 잘 싸웠다. 그런데도 귤릭의 보편적인 주제는 많은 진실을 포함한다. 만약 지도자들에게 비판적이고 철저한 검토를 받도록 요구하는 메커니즘이 포함되어 있다면, 그리고 행동 방침에 대한 외부자들의 지속적인 감독과 검토를 보장한다면 — 요컨대 다양성과 반대 의견을 이용해서 사회적 영향에서 기인하는 실수 위험을 줄일 수 있다면 — 그 제도는 성공할 가능성이 매우 클 것이다.

헌법 설계

이런 점들은 미국 헌법 설계와도 밀접한 관련이 있는데, 미국 헌법은 숙의 민주주의 — 국민에 대한 책임을 어느 정도의 성찰 및 분별 제공과 결합시키는 체제 — 를 지향한다. 최근 수십 년간 많은 사람이 숙의 민주주의를 향한 열망을 논의해 왔다. 그들의 목표는 제대로 기능하는 체제라면 유권자의 대응뿐 아니라 공공권*에서 서로의 분별을 나누는 행위도 보장해야 한다는 것을 알리기 위함이었다. 분별 제공을 강조하는 것은 그들이 하고자 하는 무언가와 관련해서 타당한 이유가 있든 없든 무조건 다수파가 지배해야 한다고 암시하는 민주주의를 둘러싼 지극히 포퓰리스트적인 설명에 대한 힐책으로 간주될 수 있다. 숙

---

* 사람들이 모두 관심을 가지고 있는 사항에 대해 의견을 교환하고 정치적 의사를 형성하는 언론의 공간.

의 민주주의자들은 동조와 폭포 현상, 집단 극화의 위험을 정확히 알고 있다. 그들은 민주 정치뿐 아니라 자유도 보호하기를 원한다.

숙의 민주주의에서 공권력 행사는 단순히 일부 사회 구성원들의 의지도 아니고, 사실상 다수파의 의지도 아닌 분별로 정당화되어야 한다. 미국 헌법의 반대자들과 옹호자들은 모두 정치적인 숙의에 확고하게 헌신했다. 그들은 또한 스스로를 높은 수준의 민주 정치에 헌신하는 〈공화주의자〉라고 여겼다. 하지만 숙의 민주주의는 많은 다양한 형태를 띨 수 있다. 헌법을 기초한 사람들의 가장 큰 혁신은 당시에는 아무런 논쟁의 여지가 없던 숙의에 보여 준 그들의 믿음이 아니라 동질성에 대한 두려움과 다양성을 향한 열정, 그리고 다양성을 수용하고 구축하려는 노력에 있었다. 헌법이 제정될 즈음에 미국에서 진행되던 토론의 상당 부분은 이질적인 시민들의 나라에서 숙의 민주주의 — 공화국 — 를 유지하는 것이 과연 실현 가능할지에 집중되어 있었다.

반연방주의자들, 즉 제안된 헌법에 반대하던 사람들은 그것이 불가능하다고 생각했다. 특히 반연방주의 관점을 논리 정연하게 옹호한 브루투스라는 필명의 한 정치가는 고전적인 전통을 대변하면서 다음과 같이 촉구했다.

〈공화국에서 모든 국민의 예의와 정서, 관심은 비슷해야 한다. 그렇지 않으면 지속적인 의견 충돌이 발생할 것이다. 그리고 어느 한쪽을 대표하는 사람들과 다른 한쪽을 대표하는 사람들이 끊임없이 싸울 것이다.〉[20]

헌법 옹호자들은 브루투스가 정확히 반대로 말했다고 생각했다. 즉 그들은 다양성과 〈지속적인 의견 충돌〉을 환영했으며, 〈어느 한쪽을 대표하는 사람들과 다른 한쪽을 대표하는 사람들이 끊임없이 싸우는〉 상황을 적극적으로 추구했다. 알렉산더 해밀턴Alexander Hamilton은 이 점에 대해 다음처럼 매우 명확히 말했다. 〈의견 차이와 정부의《입법》부서 안에서 발생하는 정당 간의 충돌은…… 자주 숙의와 신중함을 촉진한다. 그리고 다수파의 도를 지나친 행위를 견제하는 역할을 한다.〉[21] 정치적 숙의라는 관점에서 가장 중요한 문제는 비슷한 생각을 가진 사람들이 다른 사람들로부터 단절된 채 단지 제한된 논의 풀과 편협한 지역적 영향 때문에 극단적인 방향으로 움직일 때 광범위한 실수와 사회적 분열을 초래할 수 있다는 것이다. 〈정당 간의 충돌〉과 〈의견 차이〉를 보장하는 헌법은 사람들의 생각이 정당하지 않은 쪽으로 움직이는 것을 막는 안전장치를 제공한다. 미국 헌법을 제정한 사람들은 집단 극화와 폭포 현상에 대한 직관적인 이해를 가지고 있었다.

왜냐하면 그들은 혁명기 이전과 도중에, 그리고 이후에 두 가지를 모두 목격한 까닭이다.

　　권리 장전에 대표자들에게 〈지시할 권리〉를 포함시켜야 하는지에 관한 문제를 제기한 가장 계몽적인 초기 헌법 논쟁 중 하나에서도 비슷한 의견이 등장한다. 이 권리는 특정한 주(州)의 시민들이 투표 방식과 관련해서 대표자들을 구속할 수 있는 권위를 가져야 한다는 주장과 함께 옹호되었다. 이와 같은 옹호는 대표자들의 정치적 책임감을 향상시키는 방법 중 하나로 그럴듯해 보였다. 당시의 많은 사람에게도 그렇게 보였다. 하지만 이 견해에는 문제가 있는데, 특히 정치적인 이해관계가 지리적인 요소와 밀접한 연관이 있던 시대에는 더욱 그랬다. 그런 시대에 특정한 주의 시민들은 고립된 지리적 특성상 아마도 그 지역 안에서 서로의 의견에 영향을 받아서 결국에는 폭포 현상과 집단 극화로 이어질 옹호할 수 없는 주장을 내놓을 가능성이 매우 높다. 로저 셔먼Roger Sherman은 지시할 권리를 거부하는 데 결정적인 논지를 제공한다.

　　문제의 표현은 사람들에게 입법부의 토론을 통제할 권리가 있다는 생각을 유포함으로써 그들을 호도하기 위해 의도된 것이다. 이는 그들이 모여서 토론하는 목적을 훼손할 것이므로 정당하다고 인정될 수 없다. 내가 생각하기에 일단 대표로 뽑혔다면 그 대표자의 의무는 연방의 다른 지역에서 온 사람들을 만나고, 자문하고, 전체 공동체의 전반적인 이익을 위한 행동에 동의하는 것이다. 혹시라도 그가 누군가의 지시에 따라 움직인다면 숙의는 아무런 소용이 없을 것이다.[22]

셔먼의 말은 크고 작은 사안들을 놓고 대립하는 매우 다양한 사람 간의 숙의에 대해서 헌법을 기초한 사람들이 보여 준 일반적인 포용력을 그대로 나타낸다. 실제로 그런 사람들 사이에서 이루어지는 숙의를 통해 〈전체 공동체의 전반적인 이익을 위한 행동〉이 등장할 터였다.

중요한 사실은 미국의 헌법 제도가 동조와 폭포 현상, 집단 극화에 대한 우려를 나타내고 있다는 점이다. 이런 위험 요소들에 맞서기 위해 미국 헌법은 관련 현상이 초래하는 신중하지 못한 판단을 견제하기 위한 여러 가지 수단을 구비해 놓고 있다. 대표적으로 한 의회 — 헌법 입안자의 관점에서 보자면 하원이 될 것이다 — 가 단기적인 열정과 집단 극화로 압도되는 상황에 대비해서 하나의 안전장치로 고안된 양원제를 들 수 있다. 양원제는 해밀턴이 입법부 내부에서 일어나는 〈정당 간의 충돌〉을 지지하면서 주장한 내용의 핵심이었다. 제임스 윌슨James Wilson도 그의 유명한 법 강연을 통해 이런 관점에서 양원제에 대해 많은 이야기를 했는데, 그는 〈사람들이 아무런 안전장치 없이 통치 행위를 하다가 열정의 비참한 노예가 된 사례들〉을 언급하면서 〈단원제〉가 〈폭정이나 부정, 잔인함의 갑작스럽고 폭력적인 발현〉에 취약하다고 주장했다.[23]

물론 폭포 현상이 상원과 하원을 나누고 있는 경계를 넘을 수도 있다. 실제로 그런 일이 발생하기도 한다. 하지만 상원과 하원의 다른 구조와 문화는 근거 없는 폭포 현상에 맞서 유의미한 안전장치를 제공한다. 이 문제와 관련해서 상원은 특히 중요하게 여겨졌다. 세간에 널리 알려진 한 이야기에 따르면, 프랑스에서 돌아온 토머스 제퍼슨Thomas Jefferson이 아침 식사를 하는 자리에서 조지 워싱턴George Washington에게 두 번째 의회를 설립하는 데 동의한 이유를 설명해 달라고 요청했다. 그러자 워싱턴이 물었다. 「왜 그 커피를 받침 접시에 따랐습니까?」 제퍼슨이 말했다. 「식히려고요.」 다시 워싱턴이 말했다. 「같은 이유입니다. 우리는 입법이라는 커피를 상원이라는 받침 접시에 따라서 식히려는 겁니다.」[24]

우리는 동일한 일반적 관점에서 견제와 균형 제도의 여러 측면을 이해할 수 있다. 삼권 분립은 그 자체로 폭포 현상이나 집단 극화가 정부를 끔찍한 방향으로 유도할 가능성을 줄여 준다. 시민을 짓누르는 법이 입법부와 행정부의 동의도 없이 도입되면 안 되는 까닭에 법을 제정하고 시행하는 데에는 억압을 막기 위한 강력한 안전장치가 존재한다. 예컨대 대통령은 어떤 법안을 지지하고 법의 필요성을 강력히 주장하지만, 입법부가 법 제정을 거부할수 있을 것이다. 여기에 더해서 대통령에게 입법안을 제출해서 서명을 받도록 요구하는 의무 규정은 입법부 내에서 발생할 수 있는 폭포 현상을 막아 준다. 자신이 동의하지 않는 법안에 대해 대통령이 거부권을 갖는 이유가 바로 여기에 있다. 입법부가 억압적이거나 어리석은 법을 제정하더라도 대통령은 시행을 거부할 수 있다. 그리고 입법부가 법을 제정하고 대통령이 시행하더라도 사법부가 개입해서 어쩌면 그 법이 헌법에 위배된다고 공표할수 있다.

연방주의 자체는 독립된 문화를 가진 다양한 주권자라는 형태로 일종의 〈회로 차단기〉 역할을 제공하는 다양성의 원동력이었고, 이는 지금도 마찬가지이다. 연방 제도에서 사회적 영향은 일부 주에서 실수를 유발할 수 있고, 주가 폭포 현상에 빠질 수 있음은 분명하다. 하지만 독립된 시스템의 존재는 실수가 확산되는 것을 억제한다. 어떤 주든 끔찍한 실수를 저지를 수 있을 것이고, 이런 경우에 그 주의 시민은 다른 주로 도피할 수 있을 것이다. 시민들이 〈탈출〉할 수 있다는 그 사실은 억압적이거나 어리석은 법 제정에 대한 안전장치를 제공한다. 떠날 수 있는 권리가 동조나 폭포 현상, 집단 극화로 초래되는 폭정이나 어리석음, 억압에 대한 안전장치로 작용하는 셈이다.

사법권 자체는 헌법적 검토라는 맥락에서 상당히 벗어나 이와 같은 관점에서 이해되었다. 해밀턴의 아래 설명을 참고하라.

하지만 법관의 독립성이 사회에서 이따금씩 발생하는 악한 기행(奇行)의 영향에 대항하는 근본적인 안전장치가 되기도 하는 것은 헌법을 위반하기 위함이 아니다. 심지어 그와 같은 헌법 위반은 때때로 불공정하고 편파적인 법에 따라 특정 계층 시민들의 사적 권리를 침해하는 것 이상으로 확대되지 않는다. 그리고 여기에서도 사법부의 확고함은 이러한 법의 엄격함을 완화하고 집행을 제한하는 데 중요하다. 어쩌면 이미 통과되었을지 모르는 법이 끼칠 수 있는

즉각적인 피해를 완화하는 역할을 할 뿐 아니라 입법부가 그러한 법을 통과시킬 때 견제하는 역할도 한다. 즉 불의한 의도의 성공을 막는 장애물이 법원의 양심에서 비롯된다는 사실을 인지함으로써 입법부는 그들이 꾀하는 불의라는 동기로 그와 같은 시도를 자제하도록 어느 정도 강제된다.[25]

당연히 표현의 자유에 대한 헌법의 명시적인 보호와 결사의 자유에 대한 암묵적인 보호는 다양성과 반대 의견을 위한 공간을 확보하는 데 도움을 준다. 이런 식으로 헌법은 사회적 영향에서 비롯되는 실수의 위험에 대응한다. 현재의 목적에 부합하도록 표현의 자유를 분석하는 것은 간단한 일이다. 그런데도 표현의 자유가 한 국가의 시민들에게 지도자들을 감시하고, 그들에게 책임을 추궁할 수 있도록 해준다는 사실은 강조할 가치가 있다. 표현의 자유는 그 나라의 소년, 소녀들에게 황제가 벌거벗고 있다고 솔직하게 말할 수 있게 해준다. 또한 충분한 정보에 근거하여 자신이 옳다고 확신하는 사람들에게 아는 것을 공개할 수 있는 권한을 부여한다. 표현의 자유는 광범위한 실수를 원천 봉쇄할 수 있는 만병통치약은 아니지만, 많은 도움이 될 수 있다.

수정 헌법 제1조를 입안한 제임스 매디슨James Madison은 공무원들에 대한 비판을 범죄시하는 〈반정부 행위 처벌법〉이라는 개념 자체에 반대하기 위해서 이런 종류의, 즉 표현의 자유와 관련된 개념을 언급했다. 그는 〈정부 구성원을 선출할 수 있는 권리가 자율적이고 책임감 있는 정부의 근간을…… 구성한다〉라고 했으며, 〈이 권리의 가치와 유효성은 대중의 신뢰를 받고자 하는 후보자들의 장단점 비교를 통해 파악하는 것에 달려 있다〉라고 주장했다.[26] 집단 영향을 고려할 때 그의 주장이 암시하는 한 가지는 민간 기관과 공공 기관이 모두 어쩌면 비슷한 생각을 가진 사람들로 이루어졌을 영역에서 다양한 여론을 형성하는 일에 합리적인 관심을 갖는다는 사실이다. 이유는 실수가 발생할 위험을 줄여 주기 때문이다. 만약 현대 기술 덕분에 사람들이 각자의 선택에 따라 스스로 반향실에 들어갈 수 있게 된다면 대립되는 견해들로부터 단절될 위험이 있다. 아마도 정부는 그에 대응할 자격을 갖추어야 할 것이다. 정부 쪽에서 이런 노력에 나선다면, 그것은 당연히 그들 나름의 수정 헌법 제1조를 도입하는 문제가 될 것이다.[27]

결사의 자유는 몇 가지 중요한 구김살을 제공한다. 앞서 보았듯이 집단 극화에 대한 이해는 결사의 자유가 심각한 위험을 야기할 수 있음을 암시한다. 다른 무엇보다 비슷한 생각을 가진 사람들이 사회적 상호 작용의 법칙에 따라 정당화될 수 없는 극단적인 방향으로 나아갈 수도 있기 때문이다. 사회는 비슷한 생각을 가진 — 처음에 생각이 다르지만 심하게 다르지는 않은 — 사람들로 이루어진 집단이 각 구성원들의 생각을 점점 더 다양한 쪽으로 유도하는, 이른바 〈반복되는 양극화 게임〉의 결과로 분열될 수 있다. 이제는 많은 나라에서 반복되는 양극화 게임(때로는 소셜 미디어로 촉진되는)이 목격되고 있으며, 정부를 더 힘들게 만들고 있다. 초기 관점의 작은 차이는 사회적 상호 작용을 거치면서 훨씬 큰 차이로 확대될 수 있다. 이와 같은 과정이 가지는 한 가지 장점은 사회의 〈논의 풀〉을 확장하는 작용을 한다는 것이지만, 각 집단 사이에서 발생할 수 있는 상호 의심이나 오해, 증오의 가능성을 높이기도 한다.

동시에 결사의 자유는 사람들에게 자신이 가진 정보나 선호하는 것, 가치관 등을 공개하지 못하도록 만드는 정보적, 평판적 영향을 상쇄하는 데 도움을 주기도 한다. 공동체에 폭넓은 다양성을 허용하고 사뭇 다른 종류의 압박을 부과함으로써 결사의 자유는 어느 시점에 이르러서 중요한 정보가 공개되고 궁극적으로 확산될 가능성을 높여 준다.

　　지금까지의 간단한 설명은 처음에 승인되었을 당시처럼 또는 오늘날에 이해되듯이, 이른바 다양성을 사회 안정과 같은 다른 목표와 조화시키는 데 미국 헌법이 이상적인 제도와 권리를 포함하고 있다는 뜻이 아니다. 어떤 사람들은 인구 집단이나 다수 정당에 기초하는 비례 대표제를 지지하기도 하는데,[28] 이런 주장은 정부에 다양한 생각을 접할 수 있도록 보장하고자 하는 목표에서 나온 반응으로 이해할 수 있다. 어떤 국가는 여성을 위한 균등 대표제를 보장하지 않으면 요긴한 관점들을 놓치게 된다는 점을 주된 이유로 들면서 균등 대표제를 보장하기 위해 진지한 노력을 보여 주기도 했다.

　　이 큰 주제와 관련해서는 할 이야기가 많다. 하지만 당면한 논의에 집중하기 위해서 이제 나는 오늘날 많은 관심이 집중된 두 개의 특별한 사안으로 눈을 돌리고자 한다. 바로 연방 사법부의 다양성 문제와 고등 교육에서의 소수 집단 우대 정책 문제이다.

판사

판사들도 동조 효과의 영향을 받을까? 폭포 현상에 휩쓸릴 수 있을까? 비슷한 생각을 가진 판사들이 극단을 향해 움직일까? 이런 질문에 답하기 위해서 나는 약간 세부적으로 들어가려 한다. 부디 이 논의가 변호사와 판사뿐 아니라 독립적인 판단이 요구되는 영역에서의 동조에 관심이 있는 모든 사람에게 유용하기를 바란다.

본격적으로 이 문제를 다루기에 앞서 유력한 컬럼비아 특별구* 순회 재판소의 사법적 행위에 관해 중요한 초기 연구를 참고할 필요가 있다.[29] 해당 연구는 공화당에서 지명된 3명의 판사로 구성된 합의부가 공화당에서 지명된 2명의 판사와 민주당에서 지명된 한 명의 판사로 구성된 합의부에 비해서 산업계의 요구에 따라 환경 보호국 같은 연방 정부 기관들의 결정을 기각하는 경우가 훨씬 많다는 사실을 알아냈다. 얼핏 보기에 이는 이상하다. 공화당에서 지명한 2명의 판사가 어쨌거나 합의부 내에서 여전히 다수를 점하고 있기 때문이다. 공화당에서 지명된 2명의 판사로 이루어진 합의부가 공화당에서 지명된 3명의 판사로 이루어진 합의부보다 연방 정부 기관의 결정을 기각하는 경우가 더 적은 이유는 무엇일까?

동일한 연구는 개개인의 판단에 집단 영향이 지대한 역할을 수행한다는 사실을 발견한다. 세부적인 내용이 곧 뒤따르겠지만, 여기에 생생한 증거가 있다. 즉 공화당에

* 〈워싱턴〉의 다른 이름.

서 지명된 2명의 판사와 함께 앉아 있을 때 민주당에서 지명된 한 명의 판사는 공화당에서 지명된 한 명의 판사가 민주당에서 지명된 2명의 판사와 함께 앉아 있을 때보다 산업계의 요구에 따라 정부 기관의 행동을 무효화하기 위해 투표할 가능성이 더 높다. 현재의 목적에서 혼자인 판사가 실질적으로 설득당했는지와 단순히 공개적으로 반대 의견을 표명할 가치가 없다고 판단했는지는 그다지 중요하지 않다. 둘 중 어떤 경우든 해당 판사의 투표는 아시의 실험에서 관찰된 것과 완전히 다르지 않은 어떤 과정에서 작용하는 사회적 영향을 반영한다. 내가 묘사하고 있는 현상은 흔히 〈합의부 효과〉라고 불린다. 합의부 효과는 이념 논쟁이 있는 경우에 혼자인 판사의 투표가 같은 합의부에 속한 다른 2명의 판사에게 많은 영향을 받는다고 암시한다.

다양한 시기에 진행된 여러 연구는 합의부가 하나의 정당에서 지명된 3명의 판사로 구성될 때 더욱 극단적인 결론을 향해 나아가는 경향이 짙다는 사실을 발견한다.[30] 간단히 말하자면 전원이 공화당에서 지명된 판사들로 구성된 합의부는 지극히 보수적인 투표 패턴을 보이고, 민주당에서 지명된 판사들로 구성된 합의부는 지극히 진보적인 투표 패턴을 보인다. 한 초기 연구에 관한 배경 연구 결과는 산업계가 어떤 환경 규제에 이의를 제기했을 때 공화당에서 지명된 판사들이 다수를 점유한 합의부의 행동과 민주당에서 지명된 판사들이 다수를 점유한 합의부의 행동에 놀랄 만한 차이가 있음을 발견했다. 주어진 기간에 공화당에서 지명된 판사들이 다수를 점유하고 있던 합의부는 정부 기관의 결정을 50퍼센트 이상 번복했다. 민주당에서 지명된 판사들이 다수를 차지하고 있던 합의부가 번복한 경우는 15퍼센트도 되지 않았다.[31] 합의부 효과를 보여 주는 유의미한 실험 결과들도 있다. 판사들의 투표는 합의부 내에 같은 정당 출신의 대통령이 지명한 또 다른 판사가 있는지에 지대한 영향을 받았다. 공화당에서 지명된 판사들은 같은 합의부에 공화당에서 지명된 판사가 한 명이라도 더 있는 경우에 산업계의 이의 제기를 받아들일 가능성이 매우 높았다. 반면에 민주당에서 지명된 판사들은 같은 합의부에 민주당에서 지명된 판사가 한 명이라도 더 있는 경우에 이의 제기를 받아들일 가능성이 상대적으로 낮았다.[32]

공화당에서 지명된 2명의 판사와 한 조를 이룬 민주당에서 지명된 판사가 산업계의 이의 제기에 찬성표를 던진 경우는 전체의 40퍼센트가 넘는 것으로 확인되었는데, 민주당에서 지명된 판사들과 한 조를 이룬 민주당에서 지명된 판사가 이의 제기를 받아들인 경우는 전체의 30퍼센트가 되지 않았다.[33] 반면에 민주당에서 지명된 2명의 판사와 한 조를 이룬 공화당에서 지명된 판사가 산업계의 이의 제기에 찬성표를 던진 경우는 전체의 20퍼센트가 되지 않았다.[34] 특히 민주당에서 지명된 2명의 판사와 한 조를 이룬 공화당에서 지명된 판사는 공화당에서 지명된 2명의 판사와 한 조를 이룬 민주당에서 지명된 판사보다 산업계의 이의 제기를 받아들일 가능성이 더 적은 것으로 나타났다.

이 연구는 수년 전에 진행되었지만, 최근의 다른 연구들도 다양한 법적 영역에서 기본적으로 동일한 패턴을 발견한다.[35] 이념적으로 대립하는 분야에서 판사를 지명한 대통령의 정치적 소속은 해당 판사가 어떻게 투표할지 예측할 수 있는 훌륭한 지표라고 생각하는 것은 합리적이다. 사실이 그렇다. 그러나 대개는 판사가 어떻게 투표할지를 보여 주는 좀 더 나은 지표가 존재하는데, 바로 합의부에 속한 다른 2명의 판사를 지명한 대통령이 어느 정당에 소속되어 있는가 하는 것이다. 가장 단순한 실험 결과에 따르면 민주당에서 지명된 판사는 — 성차별이나 인종차별, 환경 보호 문제 등과 관련된 재판에서 — 공화당에서 지명된 다른 2명의 판사를 동반할 때 전형적으로 보수적인 방향으로 투표할 가능성이 상당히 높다. 민주당에서 지명된 판사는 공화당에서 지명된 2명의 판사와 한 조를 이룰 때보다 공화당에서 지명된 한 명의 판사와 민주당에서 지명된 한 명의 판사와 한 조를 이룰 때 진보적인 방향으로 투표할 가능성이 크게 증가한다. 민주당에서 지명된 판사가 민주당에서 지명된 2명의 판사와 함께 있을 때 진보적인 방향으로 투표할 가능성은 그야말로 급등한다. 공화당에서 지명된 판사들도 방향만 다를 뿐 정확히 동일한 패턴을 보여 준다.

이런 현상은 사회적 영향력이 얼마나 강력한지를 보여 주는 실제 증거이다. 많은 법적 영역에서 공화당에서 지명된 2명의 판사와 앉아 있는 민주당에서 지명된 판사는 공화당에서 지명된 판사처럼 투표하고, 민주당에서 지명된 2명의 판사와 앉아 있는 공화당에서 지명된 판사는 민주당에서 지명된 판사처럼 투표한다. 민주당에서 지명된 판사가 어떻게 투표할지, 그리고 공화당에서 지명된 판사가 어떻게 투표할지는 합의부 내에 그들과 같은 정당에서 지명된 판사가 1명이나 2명인지, 아니면 한 명도 없는지에 따라 매우 달라진다. 공화당에서 또는 민주당에서 지명된 판사가 — 적어도 이념적으로 대립하는 법적 영역에서 — 집단 영향과 별개로 매번 똑같이 투표하지 않는 것은 바로 이런 이유 때문이다.

집단 극화를 보여 주는 하나의 증거로써 산업계가 이의를 제기하는 경우에 공화당에서 지명한 3명의 판사로 구성된 합의부는 공화당에서 지명한 2명의 판사와 민주당에서 지명한 한 명의 판사로 구성된 합의부보다 환경문제와 관련된 결정을 뒤집을 가능성이 훨씬 높다.[36] 한시기(1995년부터 2002년까지)를 기준으로 합의부가 공화당에서 지명된 판사들로만 구성된 경우에 이 판사들은 71퍼센트가 산업계의 이의 제기를 받아들이는 쪽에 투표했다.[37] 반면에 공화당과 민주당에서 지명된 판사의 비율이 2 대 1일 때는 45퍼센트만 산업계의 요구를 받아들이는 데 투표했다. 공화당과 민주당에서 지명된 판사의 비율이 1 대 2일 때는 37.5퍼센트만 찬성표를 던졌다.[38] 그보다 앞선 시기(1986년부터 1994년까지)의 찬성률은 각각 80퍼센트와 48퍼센트, 14퍼센트였다.[39] 그보다 더 앞선 시기(1970년부터 1982년까지)에 공화당에서 지명된 판사들로만 합의부가 구성된 경우에는 판사들의 찬성률이 100퍼센트였다. 반면에 합의부에 공화당과 민주당에서 지명된 판사의 비율이 2 대 1일 때는 45퍼센트가 산업계의 요구에 찬성표를 던졌다. 공화당과 민주당에서 지명된 판사의 비율이 1 대 2일 때는 26퍼센트의 찬성률을 보

였다.[40]

이 자료들을 종합해서 우리는 1979년부터 2002년까지 환경 문제와 관련된 사건들에서 컬럼비아 특별구 순회 재판소 내에서 이루어진 투표에 대해 매우 포괄적이고 완전한 설명을 도출할 수 있다. (좀 더 최근의 항소 법원들 자료는 다른 법적 영역에서도 계속해서 대체로 유사한 양상을 보여 준다.) 간단한 계산만으로 우리는 합의부 전원이 공화당에서 지명된 판사들로 구성된 경우에 공화당에서 지명된 판사 중 80퍼센트가 산업계의 요구를 받아들이는 쪽에 투표했음을 알 수 있다. 공화당과 민주당에서 지명한 판사의 비율이 2 대 1인 경우에는 공화당에서 지명된 판사 중 48퍼센트가 산업계의 요구를 받아들이는 쪽에 투표했다. 공화당과 민주당에서 지명된 판사의 비율이 1 대 2인 경우에는 27.5퍼센트에 불과했다. 이런 종류의 사회적 영향은 비단 공화당에서 지명된 판사에게서만 나타나지 않는다. 즉 민주당에서 지명된 판사에게서도 나타난다. 예컨대 어떤 환경 단체가 정부 기관의 조치에 이의를 제기하는 경우에 민주당에서 지명된 판사들로만 구성된 합의부는 민주당과 공화당에서 지명된 판사의 비율이 2 대 1인 합의부보다 이의 제기를 받아들일 가능성이 더 높다.[41] 합의부 전원이 민주당에서 지명된 판사들로 채워진 경우에 판사가 환경 운동가의 요구를 받아들일 가능성은 최고점에 이른다. 그리고 합의부에 공화당에서 지명된 판사가 2명일 때 최저점을 찍는다.[42]

세 번째 연구는 좀 더 복잡하다.[43] 셰브론과 NRDC 사건에 대한 연방 대법원의 판례에 따르면[44] 법원은 정부 기관의 법 해석이 〈합리적〉인 한 그들의 해석을 지지하게 되어 있다. 그렇다면 법원은 언제 정부 기관의 해석을 실질적으로 지지할까? 대법원은 원칙적으로 정부 기관의 조치를 무효화하려는 법원이 이를 위한 근거를 찾을 수 있도록 판사들에게 어느 정도의 여지를 허용한다. 한 가지 중요한 문제는 그들이 언제 그럴듯한 근거를 찾았다고 주장하는가 하는 점이다. 관련 연구는 집단 영향이 중요한 역할을 하며, 정부 기관의 조치를 무효화하려는 공화당에서 지명된 판사들에게 민주당에서 지명된 판사의 잠재적인 반대 가능성이 강한 억제력을 발휘한다고 강력히 암시한다.

약간의 배경 지식을 더하자면, 이 연구가 유력한 컬럼비아 특별구 순회 재판소의 항소 법원 내에서 판사들의 당적이 재판 결과에 미치는 강력한 영향을 발견한다는 점에 주목하자. 산업계가 이의를 제기하고 있는지, 아니면 공익 단체가 이의를 제기하고 있는지를 고려함으로써 사건들을 분류한다면 관찰자들은 공화당에서 지명된 판사들이 다수를 이루는 합의부는 전체의 54퍼센트가 보수적인 결론에 도달하는 반면에, 민주당에서 지명된 판사들이 다수를 이루는 합의부는 전체의 32퍼센트가 그 같은 결론에 도달한다는 사실을 알게 될 것이다.[45]

현재의 목적에 비추어 볼 때 가장 중요한 연구 결과는 서로 다른 정당 출신의 대통령들이 지명한 판사들로 구성되어 정치적으로 다양한 합의부와, 동일한 정당 출신의 대통령들이 지명한 판사들로 구성되어 정치적으로 통일된 합의부 사이에 극적인 차이가 존재한다는 것이다. 공화당에서 지명한 판사들이 합의부의 다수를 차지하고, 분열된 합의부가 정치적인 이유로 정부 기관에 적대적일 것으로 예상되는 상황에서 법원이 정부 기관의 의견에 따른 경우는 전체의 62퍼센트에 달했다. 하지만 합의부 전원이 공화당에서 지명된 판사들로만 구성되고, 통일된 합의부가 정부 기관에 적대적일 것으로 예상되는 환경에서 법원이 정부 기관의 해석을 지지한 경우는 겨우 33퍼센트에 불과했다. 이런 결과를 보여 준 자료는 전체 자료 중에서 이것이 유일했다는 점에 주목하라. 민주당에서 지명한 판사들이 합의부 내에서 다수를 차지하고, 그래서 정치적인 이유로 정부 기관의 결정을 지지할 것으로 예상될 때

그들이 실제로 지지를 표시한 경우는 통일된 합의부이든
(전체의 71퍼센트), 분열될 합의부이든(전체의 86퍼센
트) 상관없이 전체적으로 70퍼센트가 넘었다. 표로 정리
된 아래의 결과를 참고하라.[46]

	3-0	2-1	3-0	2-1
	친(親)공화당 합의부	친공화당 합의부	친민주당 합의부	친민주당 합의부
정부 기관의 조치를 지지하는 경우	33%	62%	71%	86%
정부 기관의 조치를 무효화하는 경우	67%	38%	29%	14%

공화당에서 지명한 판사들이 통일된 합의부를 구성
했을 때 보여 주는 67퍼센트의 무효화 비율처럼 일견하기
에 이상한 결과는 집단 영향을, 특히 집단 극화를 반영한
다고 추측하는 것이 합리적일 것이다. 합의부 전원이 공
화당에서 지명한 판사들로 이루어진 집단은 정부 기관에
서 내놓은 해석을 거부하는 비교적 이례적인 조치를 취할
가능성이 높은 반면에, 이례적이거나 극단적인 결과로 나
아가려는 경향에 대한 견제 장치가 내재된 분열된 합의부
는 상대적으로 평범한 길을 선택할 가능성이 더 높다. 그
럴듯한 이유를 하나만 들자면, 법령이 모호한 경우에는

정부 기관의 해석을 지지하라는 대법원의 명령과 모순되는 결정을 다른 판사들이 내리지 못하도록 민주당에서 지명한 한 명의 판사가 〈내부 고발자〉로서의 역할을 수행하기 때문이다.[47]

아마도 다른 요소들도 관련되어 있을 터이다. 법원이 기본적으로 동일한 성향을 가진 판사들로 합의부를 구성할 때 토론을 시작하기 전 해당 합의부의 평균적인 관점은 다양한 판사로 구성된 합의부의 그것과 상당한 차이를 보인다. 논의 풀 또한 매우 다르다. 예컨대 공화당에서 지명한 3명의 판사로 구성되어 잠정적으로 환경 보호국의 조치를 무효화하려는 합의부는 — 설령 적절하게 해석된 법이 유효화를 지지하는 경우에도 — 무효화를 지지하는 다양한 주장을 제시하고, 불리한 주장은 거의 제시하지 않을 것이다. 반면에 합의부에 환경 보호국의 조치를 지지하는 한 명의 판사가 포함되어 있다면 유효화를 지지하는 주장이 등장하고, 강조될 가능성은 훨씬 높아질 것이다. 실제로 자신이 합의부 내의 다른 구성원들과 동일한 〈집단〉에 속해 있다고 생각하지 않는 경우에 그 판사가 민주당에서 지명한 판사라는 사실은 그런 일이 발생할 가능성을 더욱 높인다. (사람들이 감정적 유대로 연결되어 있을 때 의견 충돌이 발생할 가능성이 훨씬 줄어든다는 사실을 상기할 필요가 있다.) 그리고 개인적인 의견의 확증이 더욱 강한 확신으로, 더 나아가 극단으로 이어진다는 점에서 비슷한 생각을 가진 3명의 판사로 구성된 합의부가 이례적이고 극단적인 결론에 다다르는 것은 전혀 놀라운 일이 아니다.

이런 상황에서 합의부 효과는 3명의 판사로 구성되는 합의부 내에서 혼자만 다른 당의 지명을 받아 수적으로 열세인 판사가 공개적으로 반대 의견을 낼 가능성에 따라 강화된다. 확실히 어떤 사건이 대법원까지 가는 경우는 드물다. 그리고 일반적인 유형의 재판에서 어쩌면 그 사건이 대법원까지 가서 검토될 수도 있다는 가능성은 아마도 항소 법원에 그다지 큰 억제 효과를 갖지 않을 것이다. 하지만 다수 의견을 작성하는 판사들은 반대 의견을 확인하고 대응하는 일에 일반적으로 열정적이지 않다. 만약 법이 실질적으로 반대 관점을 지지한다면 거기에 영향을 받아서 2명의 판사는 설령 환경 보호국의 조치를 뒤집고 싶더라도 더 쉬운 길을 선택할 가능성이 높을 것이다. 관련 증거가 암시하는 바도 그렇다.[48]

앞의 표를 잠깐 보면 몇 가지 상반된 자료가 나온다. 이를테면 민주당에서 지명한 판사들이 정부 기관을 지지하기를 원할 거라고 예상되는 경우에, 민주당의 지명을 받은 3명의 판사들로 구성된 합의부가 정부 기관의 조치를 지지할 가능성은 민주당에서 지명한 판사가 2명인 합의부보다 높지 않다. 그리고 환경 단체의 이의 제기를 받은 상황에서 민주당에서 지명한 2명의 판사나 한 명의 판사를 동반하는 경우에, 또는 공화당에서 지명한 2명의 판사를 동반하는 경우에 공화당의 지명을 받은 판사들이 다르게 투표할 가능성은 그다지 높지 않다.[49] 그런데도 많은 중요한 영역에서 적어도 비슷한 생각을 가진 3명의 판사로 구성된 합의부는 그런 판사가 2명인 합의부와 사실상 다른 행동을 보인다.[50]

이 시점에서 회의론자는 법률 전문가들이 3명의 판사로 구성된 합의부 앞에서 서로 대립된 주장을 펼친다는 점에 주목한다. 그리고 〈논의 풀〉의 크기가 단지 합의부의 구성원들이 말하고 행하고자 하는 것이 아닌 그런 주장으로 결정된다고 역설할 수 있다. 여기에 더해서 판사들의 성향이 변호사들의 견해에 영향을 받는 경우도 분명히 많을 것이다. 하지만 재판 결과만 놓고 보자면 중요한 것은 판사들의 성향이다. 즉 그들이 무엇에 근거하든 그것은 부차적인 문제일 뿐이다. 그리고 반대자 한 명의 존재가 그 모든 변화를 만들 수 있는 이유가 바로 여기에 있다. 앞서 언급된 징벌적 손해 배상금 연구에서 모의 배심원단은 양쪽 주장을 들었고, 주장을 듣고 난 뒤에 여느 집단과 마찬가지로 집단 극화 현상을 보였다. 이런 점에서 집단 극화 가설이 성립하기 위해서는 판사들이 서로에게 분별을 제시하는 데 많은 시간을 들였는지를 꼭 알아야 할 필요는 없다는 사실에 주목해야 한다. 어떤 결론에 노출되는 것만으로도 충분하기 때문이다.[51] 분별이 수반되지 않는 단순한 투표 시스템은 판사들을 극단적으로 어느 한쪽에 치우치게 만든다. 올바른 분별이 더해진다면 당연히 그들의 투표는 더욱 설득력을 갖게 될 것이다.

규범적인 문제들에 대한 검토는 여전히 남아 있다. 비슷한 생각을 가진 판사들이 극단으로 치닫는다고 우리가 걱정해야 할까? 혼자 다른 정당에서 지명된 판사에게 핵심적인 역할을 기대해야 하는 것이 과연 좋은 일일까? 더욱 일반적인 측면으로, 연방 법원에 다양성을 확보하기 위해 노력할 이유가 있을까? 합의부에 일정 수준의 다양성을 촉진하기 위해 노력할 필요가 있을까? 어떤 사람들은 다른 정당 출신의 대통령이 지명한 판사들이 근본적으로 다르지 않으며, 일단 판사석에 앉으면 판사들이 그들을 지명한 사람을 자주 놀라게 한다고 생각한다. 이런 생각은 완전히 근거가 없는 것은 아니지만, 오해의 소지가 있다. 일부 판사들이 그들을 지명한 대통령을 실망시키기도 하는 것은 맞지만, 우리는 그런 사례를 마치 흔한 일처럼 생각하게 만드는 가용성 휴리스틱을 경계해야 한다. 공화당 출신 대통령이 지명한 판사들은 민주당 출신 대통령이 지명한 판사들과 많이 다르다. 〈당에 대한 소속감은 명백히 항소 법원들이 정부 기관의 재량을 검토하는 방식에 영향을 미친다.〉[52]

하지만 공과(功過)에 대한 입장을 정하지 않고 — 우리가 판사에게 어떤 행동을 기대하는지 스스로 알지 못한 채 — 근본적인 문제들을 평가하기란 어려워 보인다. 예컨대 공화당에서 지명한 3명의 판사는 유죄 판결을 지지할 가능성이 특히 높고, 민주당에서 지명한 3명의 판사는 그러한 판결을 번복할 가능성이 매우 높다고 가정해 보자. 우리가 둘 중 어떤 판결에 찬성하는지 스스로 알 때 비로소 다른 한쪽이 문제가 될 것이다. 앞서 언급된 징벌적 손해 배상금 연구에서 더 높은 배상금을 부과하는 쪽으로 움직이는 것은 우리가 토론 전 배상금의 중앙값이 너무 낮기에 집단 토론을 통해 배상금을 인상하기로 한 결정이 더욱 합리적인 배상금을 보장한다는 결론에 이를 때, 비로소 비난하기보다 축하할 일이 된다. 그리고 판사들이 어떻게 해야 한다는 견해가 유일한 평가 기준일 때 우리는 특정 정당에서 지명한 판사들을 선호하는 사람이라면 그 사람은 해당 정당에서 지명한 판사들을 찾아야 하며, 집단 영향은 본질적으로 핵심에서 벗어나 있다는 결론을 내릴 수 있다.

하지만 이런 결론은 너무 지나친 측면이 있다. 경우에 따라서는 적절하게 해석된 법 역시 사실상 이런 저런 견해를 강력하게 주장할 때가 있기 때문이다. 합의부 내에서 다양성의 존재는 이런 사실을 수면 위로 드러내면서 어쩌면 합의부의 결정을 법이 요구하는 방향으로 이끌 수 있다. 정치적으로 다양한 판사를 비롯한 잠재적인 반대 의견의 존재는 법이 지켜질 가능성을 높여 준다. 앞에서 참고한 셰브론 연구는 이런 주장을 강력하게 뒷받침한다. 잠재적인 반대자의 존재 — 같은 합의부 내에서 혼자만 다른 정당 출신의 대통령 지명한 판사처럼 — 는 틀린 결정이나 법에 어긋나는 결정이 내려질 가능성을 낮추는 잠재적인 내부 고발자를 만든다. 집단 영향의 본질에 대한 이해를 통해 우리는 다음과 같은 오래된 관념에 담긴 지혜를 엿볼 수 있다. 다른 정치적 성향을 가진 판사들의 지지를 받는다면 그 판결은 옳을 가능성이 매우 높고, 경멸적인 의미에서 정치적일 가능성은 매우 낮다.

또 다른 논점도 있다. 이를테면 많은 영역에서 결과가 나오기 전 시점을 기준으로 민주당 대통령이 임명한 판사가 옳은지, 아니면 공화당 대통령이 임명한 판사가 옳은지 명확하지 않다고 가정해 보자. 그리고 우리가 정말 불확실한 상태라고 가정해 보자. 그렇다면 법이라는 경로를 통해 좀 더 (합리적인) 의견을 들을 수 있다는 점만으로도 법체계가 양자를, 즉 양쪽 대통령이 지명한 판사들을 다 가지고 있는 상황을 선호할 이유가 있는 셈이다. 또한 우리가 정말 불확실한 상태라면 여러 견해가 가지는 조절 효과 때문에라도 다양한 견해를 선호할 이유가 있을 것이다.

예를 들어 보자. 오늘날의 법과 정책은 종종 연방 거래 위원회나 증권 거래 위원회, 국가 노동 위원회, 연방 통신 위원회와 같은 독립된 규제 위원회로 만들어진다. 많은 경우에 이런 기관은 재결(裁決)을 통해 행동한다. 즉 연방 법원과 같은 방식으로 기능한다. 또한 연방법에 따라 국회는 이들 기관이 민주당과 공화당 중 어느 한쪽으로 독점되지 않도록 하기 위해 노력해 왔다. 법은 관련 정부 기관의 구성원 중 어느 한쪽 정당 출신이 최소한의 과반수만 넘기는 수준으로 유지되도록 요구한다.

집단 영향에 대한 이해는 이런 요건을 설명하는 데 유용하다. 구성원 전원이 민주당원이거나 공화당원인 독립된 정부 기관은 사실상 평균적인 민주당원이나 공화당원보다, 어쩌면 어느 정당에도 속해 있지 않은 정부 관리보다 더 극단적인 방향으로 움직일 것이다. 민주당원인 구성원과 공화당원인 구성원의 비율을 비슷하게 맞추도록 한 요건은 이런 종류의 움직임을 방지하기 위한 견제 장치로써 작동할 수 있다. 의회는 이 점을 명백히 인식하고 있었다. 그래서 관련 기관들의 정책 결정 기능에 면밀하게 맞추어서 극단적인 움직임을 저지하기 위한 안전장치를 제공하는 데 신중을 기했다.

왜 우리는 법원에 비슷한 안전장치를 만드는 데 실패했을까? 원인 중 하나는 독립된 규제 위원회의 위원장들과 달리 판사들은 정책 입안자가 아니라는 믿음 때문이다. 그들의 의무는 법을 따르는 것이지 정책을 만드는 것이 아니다. 그리고 양쪽 당원의 비율을 맞추어 합의부를 구성하려는 시도는 이런 믿음에 위배되는 것처럼 보였을 것이다. 하지만 내가 그동안 언급한 증거는 판사들이 또 다른 중요한 정책 입안자이며, 그들의 정치적인 헌신이 합의부 내에서의 투표에 지대한 영향을 미친다는 사실을 보여 준다. 나는 여기에서 어떤 특정한 정책 제안을 받아들여야 한다고 말하는 것이 아니다. 그런데도 원칙적으로 항소 법원 내에 다양한 관점을 보장하고자 시도할 이유는 충분하다.

물론 여기에서 말하는 다양성이나 다양한 관점의 개념은 말 그대로의 자체적인 정의와 사뭇 다르다. 이를테면 연방 판사 중 헌법에 따르기를 거부하거나, 사법 심사권을 행사하기를 거부하거나, 헌법이 정치적인 반대 의견에 대한 억압이나 인종 차별을 허용해야 한다고 생각하는 사람들이 포함되어야 한다고 말하는 것은 적절치 않을 것이다. 다른 곳과 마찬가지로 여기에서도 적절한 다양성의 영역은 제한된다. 즉 필요한 것은 합리적인 다양성이나 다양한 합리적인 관점이지 다양성 그 자체가 아니다. 이런 맥락에서 분명히 사람들은 합리적인 다양성이 무엇을 수반하는지를 둘러싸고 서로 의견이 엇갈릴 수 있을 것이다. 다만 내가 여기에서 제안하고자 하는 것은, 이른바 합리적인 다양성이라는 것이 존재하며, 다른 사람들 못지않게 판사들도 변호사들의 주장뿐 아니라 합리적인 다양성에 노출될 필요가 있다는 사실이다.

이런 점들은 최근 많은 논란이 되고 있는 문제, 즉 대통령이 연방 판사를 임명할 때 〈조언과 동의〉를 제공하는 상원의 합법적인 역할을 새롭게 조명한다. 다른 무엇보다 사회적 영향에 대한 이해는 상원이 관점의 합리적 다양성을 보장하기 위해 헌법상의 권한을 행사할 책임이 있음을 암시한다. 헌법의 역사는 대법관을 선발하는 과정에서 전적으로 상원의 독립된 역할을 기대한다.[53] 이와 같은 독립된 역할은 상원이 잠재적인 판사들의 일반적인 접근법과 잠재적인 투표 성향을 고려할 수 있도록 권한을 부여한다. 물론 대통령도 자신이 지명한 판사들의 일반적인 접근법을 고려할 것이다. 하지만 상원도 그럴 권한이 있다. 모든 것이 제대로 기능할 때 이처럼 동시에 존재하는 권한은 각 분파가 서로에게 대응하도록 허용함으로써 건전한 형태의 견제와 균형을 가져올 것이다. 사실상 이 같은 시스템은 연방 판사들이 나아갈 방향과 관련한 사회적 숙의에서 가장 중요한 부분이다.

이런 관점이 거부되기도 하는 이유는 무엇일까? 누군가는 헌법적인 또는 법률적인 해석에는 단 하나의 유일한 합법적인 접근법만이 존재한다고 — 일종의 원전주의나 원문주의가 유일한 접근법이며, 그런 관점을 거부하는 사람은 무조건 비합리적이라고 — 주장할 수 있기 때문이다. 진심으로 그렇게 믿는 사람들에게 다양한 관점에 대해 이야기하는 것은 아무 의미가 없다. 어떻게 해야 할지 우리가 이미 알고 있다면, 그리고 대립적인 관점들이 단순히 논점을 흐릴 뿐이라면 다양성은 꼭 필요하지도 중요하지도 않다. (과학적 논쟁에 지구가 평평하다고 믿는 사람들을 포함하는 것은 아무런 도움이 되지 않을 것이다.)

아니면 누군가는 상원의 공손한 역할이 자연스러운 정치적 경쟁 및 주기와 맞물리면서 시간이 흐름에 따라 실용적인 조합을 만들어 낼 거라고 주장할 수도 있다. 나는 그러한 가능성을 부정하지 않는다. 다만 연방 사법부에 높은 수준의 다양성을 보장하는 것이 중요하다고, 상원이 다양성을 추구할 권한을 가졌다고, 다양성이 없으면 합의부가 필연적으로 정당화될 수 없는 방향으로 나가게 될 거라고 이야기할 뿐이다.

고등 교육에서의 다양성과 소수 집단 우대 정책

수많은 교육 기관이 다양성이라는 목표를 추구한다. 미국의 주요 민간 및 공공 교육 기관 대부분은 다양한 관점과 다양한 교직원, 다양한 학생을 추구한다. 눈에 띄는 몇몇 예외도 있다. 일부 교육 기관은 그들이 가진 높은 수준의 동질성을 자랑하기도 한다. 다른 곳에서와 마찬가지로 여기에서도 우리는 다양성의 개념을 명확히 할 필요가 있다. 대학들은 테일러 스위프트의 수집품을 모으거나, 미국을 증오하거나, 몸에서 악취가 나거나, 대학 수능 시험에서 낮은 점수를 받은 학생을 그 학교에 포함시키기 위해 특별히 노력하지 않는다. 그들은 다양성을 중시하면서도 일정한 선이 있으며 특정한 종류의 다양성을 추구한다. 그런데도 누군가는 여전히 그들이 어떤 종류의 다양성에는 과도한 관심을 기울이고, 어떤 종류의 다양성에는 관심이 부족하다고 주장할 수 있을 것이다. 여기에서 내가 말하고자 하는 한 가지는 그들이 쉽게 알아볼 수 있는 어떤 한 종류의 다양성에 전념하는 경향이 있다는 점이다.

어떤 사람들은 적어도 대학이 다양성을 추구하는 것은 큰 실수라고 생각한다. 그들이 생각하기에 중요한 요소는 오직 하나, 바로 훌륭한 성적이다. 그리고 훌륭한 성적에 대한 개념은 수많은 다양한 방식으로 정의될 수 있다. 하지만 내가 고려하고 있는 관점에 따르면, 명백히 표준화된 시험에서 기록한 등급과 점수를 기준으로 측정되는 학업 잠재력을 가리킨다. 우리는 사람들이 가난하거나 불우한 가정 환경에서, 또는 장애를 가지고 자란 경우에는 등급이나 시험 점수로 그들의 학업 잠재력이 적절히 측정되지 않을 수 있다고 암시함으로써 그와 같은 관점을 수정할 수 있을 것이다. 여기까지는 충분히 공평하다. 그런데도 많은 대학이 소위 〈훌륭한 성적〉이라는 말로 담아낼 수 없는 그 밖의 다양한 목표를 장려하고 있음은 의심의 여지가 없다.

예를 들어, 동문 자녀에 대한 선호는 순수하게 경제적인 측면에서 가장 쉽게 정당화된다. 그런 학생들(〈레거

시〉)을 유치하는 경우에 해당 교육 기관은 기부금을 받게 될 가능성이 매우 높기 때문이다. 또한 지리적 다양성을 추구하는 교육 기관이라면 다양한 관점을 얻게 될 것이다. 만약 그들이 음악가나 운동선수를, 또는 특이한 취향과 열정을 가진 학생들을 추구한다면 다양한 학생이 혼합된 흥미로운 조합을 얻게 된다. 지금 당장은 〈인지적〉 다양성에 대한 헌신에 — 서로 다른 경험과 가치관, 관점과 정보를 가진 학생들을 유치하는 것에 — 집중하자.

이런 헌신에는 많은 이유가 존재한다. 그중 하나는 단순히 시장 압력과 관련 있다. 즉 다양한 학생을 보유한 학교일수록 좋은 교수진과 학생을 유치할 가능성이 더 높기 때문이다. 물론 사람들마다 선호하는 것과 가치관이 다양하며, 어떤 사람들은 상대적으로 동질적인 요소가 강조되는 학교에 다니기를 원하기도 한다. 하지만 이런 경우는 일반적이기보다 예외적인 경우처럼 보인다. 교육 기관이 다양성을 추구하는 데 헌신하는 또 다른 이유도 있는데, 법원에서 상당한 관심을 받았을 뿐 아니라[54] 여기에서 내가 이야기하고자 하는 주제와도 밀접한 관련이 있는 이유이다. 요컨대 그 개념은 학교가 다른 생각과 관점, 경험을 가진 학생들을 유치하면 교육의 질이 더 나아질 수 있다는 것이다.

원칙적으로 이 개념은 인종 문제에 전혀 집중할 필요가 없다. 어떤 대학에 뉴욕주와 캘리포니아주, 오하이오주, 텍사스주, 플로리다주, 아이오와주, 미시시피주, 앨라배마주 출신 학생들이 모두 모여 있다면, 그 대학은 뉴욕주 출신 학생들만 모여 있을 때보다 훨씬 많은 인지적 다양성을 확보할 수 있다. 만약 어떤 미국 대학이 인지적 다양성을 추구한다면, 그 대학은 당연히 다른 나라 — 중국, 프랑스, 독일, 덴마크, 일본, 남아프리카 공화국 등 — 의 학생들을 유치하고 입학시키기 위해 특별한 노력을 기울일 것이다. 또한 소득 분포의 각기 다른 극단에 위치한 학생들도 다양한 관점을 제공할 수 있다.

어떤 곳에서는 하나의 계층으로서 여성이 남성보다 더 유력한 지원자가 된다. 사람들은 어떤 한 대학이 충분히 높은 비율 — 최소한 40퍼센트 이상 — 로 남학생들을 유치하겠다고 결정하려는 — 그들의 결정이 남학생들에 대한 특혜를 의미할 수 있음에도 — 것을 두고 논쟁을 벌이기도 한다. 물론 인지적 다양성과 다른 가치들 사이에는 둘 중 어느 것을 선택하더라도 나름의 잃는 것과 얻는 것이 존재한다. 즉 이쪽을 추구하면 순수한 학업적 잠재력을 놓칠 수 있고, 저쪽을 추구하면 다양성을 놓칠 수 있다.

중요한 것은 대학이 일반적으로 불법으로 인정된다는 점을 근거로 어느 누구도 차별하지 않으면서 인지적 다양성을 추구할 수 있다는 사실이다. 2018년에 몇몇 일류 대학이 아시아계 미국인 학생 수에 일종의 할당량을 부과할 목적으로 면접이나 그 밖의 요소를 이용해서 아시아계 미국인들을 차별한다는 주장이 제기되었다. 할당량을 부과하는 처사는 많은 사람이 보기에 절대로 용인될 수 없는 것이다. 수십 년 전에 유대인 숫자에 유사한 상한선을 두던 일과 하나도 다를 것이 없기 때문이다. 주장의 사실 관계는 일단 고려 대상에서 제외하자. 대학이 아시아계 미국인들을 차별하지 말아야 한다고 주장하는 것은 얼마든지 가능하다. 동시에 그들이 지리적인 선호와 경제적 배경에 대한 고려, 과외 활동에 대한 강조 등을 통해 여러 종류의 다양성을 추구할 수 있다고 주장하는 것 또한 얼마든지 가능하다. 그렇다면 바로 이 대목에서 과연 차별이 숨겨져 있는지, 그리고 어떤 한 집단을 차별하는 것과 다른 한 집단을 선호하는 것 사이에 정말로 경계가 존재하는지와 같은 난해한 의문이 생길 것이다.

이 같은 의문은 한쪽으로 제쳐 놓고 인종에 기초한 소수 집단 우대 정책에 초점을 맞추어 보자. 관련해서 루이스 파월Lewis Powell 대법관은 〈바크〉 사건에서 결정적인 견해를 제시함으로써 〈인지적〉 다양성을 지지하는 주장을 공인했는데[55] 이후로 수십 년 동안 그의 견해는 고등 교육에서 시행되는 소수 집단 우대 정책에 합헌성을 부여해 왔다. 여기에서 나의 목표는 파월 대법관의 견해에 제한된 변론을 보태는 것이다. 나는 일부 교육 환경에서 인종적 다양성이 더욱 폭넓은 경험과 사고를 보장하는 데 중요하며, 그런 환경에서 면밀하게 조율된 소수 집단 우대 정책 프로그램들이 헌법상 허용되어야 한다고 주장한다.

파월 대법관은 고등 교육에서 다양한 학생을 많이 유치하고자 하는 것이 헌법상 허용 가능한 목표라고 주장했다.[56] 주된 이유는 대학이 〈활발한 의견 교환〉을 보장할 수 있도록 허용되어야 하며, 이는 수정 헌법 제1조와 직접적으로 관련된 권리이기 때문이라는 것이다.[57] 파월 대법관은 다양한 주제에 대한 시각이 형성되는 학부 교육 환경에서 이 권리가 다른 무엇보다 중요하다고 인정했다. 심지어 의과 대학원에서도 〈다양성의 기여는 중요하다〉.[58] 인종적 배경을 포함해서 특정한 배경을 가진 의학생은 〈의학 전문 대학원에서 이를테면 학생들의 훈련 과정을 더욱 풍부하게 만들고, 졸업생들이 인류에 대한 그들의 중대한 봉사를 더욱 잘 이해할 수 있도록 준비시키는 경험과 시각과 견해를 가져올 수 있다〉.[59] 파월 대법관은 또한 의사들이 〈다양한 인종의 사람들에게 봉사한다〉라고 강조하면서 대학원 입학 결정이 정규 교육 이후에 이어질 기여와 관련 있다고 암시했다.[60]

그리하여 파월 대법관은 가장 중요한 문제는 소수 인종 집단에 속해 있다는 이유로 그 사람들에게 혜택을 제공하는, 이른바 인종을 의식한 입학 사정 프로그램이 다양성이라는 합법적인 목표를 추구하는 데 꼭 필요한 수단이라고 결론을 내렸다. 여기에서 그는 비록 할당량을 두는 행위는 허용될 수 없지만, 인종적 또는 민족적 배경은 입학 결정에서 하나의 〈이점〉이 될 수 있다는 그의 유명한 결론에 도달했다.[61] 파월 대법관의 관점에서 합법적인 입학 사정 프로그램은 〈지원자가 보유한 특별한 자격이라는 측면에서 다양성과 관련된 모든 요소를 고려할 수 있을 만큼, 그리고 꼭 동일한 무게를 부여할 필요는 없지만 모든 관련 요소를 동일한 발판에 올려 놓고 고려할 수 있을 만큼 충분히 유연해야〉 했다.[62] 따라서 〈유익한 교육적 다원주의〉를 추구하는 것은 〈실증된 연민이나 불이익을 극복한 이력, 가난한 사람들과 소통할 수 있는 능력, 그 밖의 중요하게 여겨지는 다른 자격들〉을 비롯해서 다양한 요소를 고려함으로써 용인될 수 있을 것이다.[63]

파월 대법관의 주장은 수십 년이 지난 오늘날에도 여전한 설득력을 갖는다.[64] 적어도 교육 분야에서 법원은 인종 할당제는 용납될 수 없지만, 인종이 최소한 아프리카계 미국인 지원자들에게 유리한 하나의 〈이점〉으로 고려될 수 있다는 입장을 유지하고 있다. 분명히 일부 판사들은 헌법이 인종 중립을 요구하고 있으며, 그러므로 머지않아 법원이 어떤 식으로든 인종을 고려하는 행위를 금지할 수 있을 거라고 생각할 것이다. 그런데 과연 그래야 할까?

여기에서 나의 주된 관심사는 파월 대법관이 내린 결정의 주요한 근거에 있다. 바로 강의실에서 〈활발한 의견 교환〉을 보장하는 일의 가치와 그런 의견 교환을 보장하기 위해 인종적 다양성을 추구하는 과정의 합헌성이다. 파월 대법관의 견해와 이 시대의 연관성을 이해하기 위해서는 소수 집단 우대 정책 프로그램을 통제하는 헌법상의 원칙을 개략적으로 설명할 필요가 있다. 법원은 소수 집단 우대 정책 프로그램이 인종 차별을 포함하는 다른 모든 프로그램과 마찬가지로 법원의 〈엄격한 감독〉을 받아야 하고, 주목하지 않을 수 없는 국가적 이익을 달성하기 위한 최소한의 제한적인 수단이 아닌 한 폐지되어야 한다는 견해를 확립했다. 또한 과거 미국 사회에 존재했던 차별을 의미하는 예전의 〈사회적 차별〉이 오늘날 백인을 차별해도 된다는 합법적인 근거가 될 수 없다는 사실도 명백하다.[65] 그리고 적어도 현 시점에서는, 소수 집단 우대 정책을 실시하는 기관이 예전의 차별을 바로잡기 위해 특별히 고안한 경우라면 개선을 목적으로 한 제한적인 소수 집단 우대 정책 프로그램이 용인될 수 있다는 사실도 마찬가지로 명백하다.[66]

여전히 불분명한 것은 언제 — 혹시라도 그런 경우가 존재한다면 — 공공 기관이 과거의 차별을 바로잡기 위한 것이 아닌 〈미래 지향적인〉 정당한 이유를 들어서 소수 집단 우대 정책을 정당화할 수 있을까 하는 것이다.[67] 예를 들어, 국가는 아프리카계 미국인들이 섞여 있는 경우에 — 특히 다수의 인종을 포함한 공동체 내에서 — 경찰력이 훨씬 효과를 발휘할 수 있다고 주장함으로써 경찰을 채용할 때 소수 집단 우대 정책을 옹호하고자 할 수 있다. 파월 대법관은 고등 교육에 대해 사실상 유사한 주장을 제기하고 있었다. 즉 그는 대학이 아프리카계 미국인들이나 그 밖의 다른 인종을 차별해 왔든 아니든 간에 〈활발한 의견 교환〉을 보장하기 위한 수단으로써 행해지는 한 그들에게 유리한 차별을 허용해야 한다고 주장했다. 하지만 법원은 미래 지향적인 정당한 이유에 대해 포괄적인 선언을 내놓았다.

지금까지 보았듯이 대학들이 다양한 교수진과 학생을 유치함으로써 다양성과 반대 의견을 추구하도록 허용되어야 한다는 사실은 의심의 여지가 없다. 대학은 다른 배경과 다른 재능, 다른 의견을 가진 사람들을 추구할 수 있다. 이런 종류의 노력은 곳곳에서 발견된다. 수많은 입학처가 하고 있는 노력도 바로 그것이다. 입학처가 특정 관점에 유리하거나 불리한 차별을 두는 경우에는 사실상 심각한 언론의 자유 문제가 생길 수 있다. 하지만 공공 기관은 어떤 관점을 직접적으로 차별함으로써 사고의 다양성을 추구하지는 못하지만, 수정 헌법 제1조를 위반하지 않으면서 더 나은 토론이 이루어지기를 바라는 마음으로 다양한 배경과 경험을 추구하는 것은 확실히 허용된다.

만약 어떤 기관이 피부색 때문에 사람들을 차별한다면, 설령 차별받는 사람들이 백인이라고 할지라도 해당 기관은 타당한 이유를 찾아서 차별을 정당화해야 하는 큰 부담에 직면할 것이다. 하지만 만약 파월 대법관이 옳다면 소수 집단 우대 정책 프로그램도 마찬가지로 정당화될 수 있다. 이유는 간단하다. 인종적으로 다양한 사람은 다양한 사고와 관점을 증가시키고 집단 영향과 관련된 동조나 폭포 현상, 집단 극화를 감소시킬 것이기 때문이다. 우리는 다양한 관점을 가진 판사들이 사법부 내에서 법을 바라보는 신중하지 못한 관점을 바로잡아 주면서 〈내부 고발자〉 역할을 할 수 있음을 확인했다. 교육 기관 내에서는 인종적 다양성을 포함한 높은 수준의 다양성이 동일한 역할을 할 수 있다. 인종적으로 획일적인 학급은 단순히 그 안의 학생들이 중요한 관점을 접하지 못한 까닭에 몇몇 문제에서 정당화될 수 없는 극단적인 입장을 취할 수 있을 것이다.

예를 들어, 우리는 모든 학생이 백인인 학급에서 경찰의 유색 인종 차별 관행 문제에 대해 토론하는 모습을 쉽게 상상할 수 있다. 이런 상황에서 인종 다양성의 부재는 심각한 문제가 될 수 있다. 경찰의 유색 인종 차별 관행 때문에 억울한 경험을 한 적이 없는 사람들은 어쩌면 매우 결정적인 정보가 없는 셈이기 때문이다. 샌드라 데이 오코너Sandra Day O'Connor 대법관은 아프리카계 미국인 대법관 서굿 마셜Thurgood Marshall에 대해 다음과 같이 말했다. 〈마셜 대법관은 특별한 관점을 불러왔다. (……) 그의 입은 침묵하는 자들의 고뇌를 알고 그들에게 목소리를 주는 사람의 입이었다. (……) 나는 어쩌면 이야기꾼 마셜 판사에게 개인적으로 가장 많은 영향을 받았다. (……) 때때로 회의에서 아직도 나는 어쩌면 내가 세상을 바라보는 방식을 조만간 바꾸어 줄 또 다른 이야기를 듣기를 바라며 기대에 차서 그의 볼록한 이마와 반짝이는 눈을 바라보고 있는 나 자신을 발견한다.)[68]

오코너 대법관에게 적용되었던 것은 다양한 교육 환경에 있는 백인 학생들에게도 그대로 적용된다. 경찰이 유색 인종을 차별하는 상황에서, 그리고 상상 가능한 다른 많은 상황에서 일정 수준의 인종적 다양성은 중요한 정보와 관점을 가져다줄 가능성이 높다. 이런 정보와 관점은 그 집단이 세상을 바라보는 방식을 바꿀 수 있다. 새로운 관점이 본안에 대한 다른 결론으로 이어지든 아니든 그것은 부차적인 문제이다.

이렇게 말하는 것은 모든 백인이 경찰의 유색 인종 차별 관행에 대해 똑같은 생각을 가지고 있다는, 아프리카계 미국인들이 문제의 복잡한 사안에 대해 동일한 경험과 의견을 가지고 있다는 터무니없는 주장을 하려는 것이 아니다. 모든 인종의 구성원 중에는 경찰의 유색 인종 차별 관행에 대해 우호적이거나 비우호적인 견해를 가진 사람들이 모두 포함되어 있다는 사실에 비추어 볼 때, 모든 문제는 그 집단이 전부 백인이기 때문이 아니라 그 구성원들이 경찰의 유색 인종 차별 관행에 대해 획일적인 관점을 가지고 시작하기 때문이라고 말할 수 있다. 중요한 것은 인종의 다양성이 아닌 생각의 다양성이다. 그렇다면, 생각이 아닌 인종적 배경의 다양성을 촉진하는 경우에는 무엇이 추가될 수 있을까?

아마도 그에 대한 답은 아프리카계 미국인들의 경험을 바탕으로 그런 논의에 무언가를 추가할 수 있다는 것일 터이다. 충분히 그럴듯한 주장이다. 만약 학생들이 유색 인종 차별 관행의 규모와 경험에 대해 알아야 한다면, 이와 같은 관행을 겪어 본 사람들이 새로운 식견을 제공할 수 있다. 그리고 만약 아프리카계 미국인들이 유색 인종 차별 관행에 대해 사실상 이례적으로 높은 수준의 적대감을 가지고 있다면, 그것은 그 자체로 알고 이해하기 위해 노력할 가치가 있는 어떤 것이다. 그들이 이런 적대감을 가지고 있지 않은 경우에도 마찬가지이다. 사람들을 다양한 관점에 노출시키기 위해서는 물론 독서를 통해 보완하는 방법도 이용될 수 있다. 다양성의 가치는 단순히 사실을 배우는 것뿐 아니라 다양한 관점과 그에 부속된 감정을 발견하는 데 있다. 그리고 이런 관점은 어쩌면 쉽게 묵살될 수 없는 사람들의 실질적이고 물리적인 존재와 함께하는 것에 있다.

이러한 점들은 공정한 기관이 학급 토론에서 합리적인 관점의 다양성을 보장하고자 고안된 일단의 정책을 옹호하기 위해 이용될 수 있을 것이다. 교육 사업에서 다양한 사고가 가지는 중요성을 고려한다면, 그 같은 목표는 합법적인 동시에 설득력이 있는 듯 보인다. 소수 집단 우대 정책 프로그램들이 이와 같은 목표를 촉진하기 위한 최소한의 제한적인 수단일까? 답은 그런 프로그램들의 성격에 달려 있다. 우리는 인종을 하나의 요소로 이용하면서 〈최소한의 제한적인 수단〉이라는 기준을 사실상 충족하는 신중한 노력을 쉽게 상상할 수 있다. 아울러 최소한의 제한적인 수단이라는 요점은 파월 대법관의 접근법이 근본적으로 옳다는 것을 암시하기에 충분하다.

다양한 견해의 중요성을 옹호하는 동일한 주장은 확실히 매우 광범위하게, 그리고 그다지 유쾌하지 않게 보일 수 있는 상황에서 제기될 수 있다. 예를 들어, 아프리카계 미국인 학생들이 대다수를 차지하는 한 대학이 아프리카계 미국인 학생들에게 불리하고 백인 학생들에게 유리한 차별 정책을 옹호하기 위한 한 가지 방법으로 다양성의 필요성을 주장한다고 생각해 보라. 그 대학은 집단 영향의 위험을 줄이고 토론의 질을 높이기 위해서 백인 학생들의 주장이 더 주목받기를 원한다고 주장할 수 있다. 내가 지금까지 이야기한 바에 따르면, 이 주장은 사실상 합법적이라는 결론에 이르게 된다. 즉 아프리카계 미국인 학생들만 있는 강의실은 동조 효과와 극화 현상을 겪을 것이고, 교육 기관은 그런 상황을 바로잡기를 원할 것이다.

만약 이런 상황에서 법원이 대학 측의 주장을 의심한다면, 그것은 법원이 그렇게 주장하는 사람들의 진정성을 믿지 않기 때문이다. 법원은 다양성에 대한 언급이 실제로는 불법적인 차별 이유를 감추려는 핑계에 불과할지 모른다고 생각할 수 있을 것이다. 하지만 우리는 다양성이 진정한 관심사이고 핑계와는 아무런 관련이 없는 경우도 얼마든지 쉽게 상상할 수 있다. 나는 한정적이고 신중한 주장을 펼치고자 하는 중이다. 어떤 경우에는 인종적인 다양성이 관련 학교의 교육 과정을 개선하는 데 중요한 역할을 하기도 한다. 하지만 어떤 경우에는 이런 주장이 거의 아무런 설득력을 갖지 못할 때도 있다. 일정 수준의 인종적 다양성이 확보된다고 해서 과연 수학 수업이나 물리학 강의가 개선될 수 있을까? 아마도 그럴 가능성은 거의 없을 것이다. 소수 집단 우대 정책 프로그램을 면밀히 검토하는 경우에 법원들은 고등 교육에서의 다양성에 관한 어떤 한 가지 이론적 근거에 찬성하거나 반대하면서 포괄적인 판결을 제시하면 안 된다. 〈활발한 의견 교환〉을 촉진하기 위해 그들은 어쩌면 인종적 다양성이 필요하지

않을 수도 있는 프로그램에 대해서가 아닌 학부 교육이라
는 맥락에서 이와 같은 이론적 근거를 받아들여야 한다.
로스쿨을 통한 법률 교육의 여러 중요한 측면에서도 인종
문제의 중요성은 면밀하게 조율된 소수 집단 우대 정책
프로그램들을 헌법적 검토에서 살아남도록 하기에 충분
할 것이다.

결론:

동조와 그에 대한 불만

인간은 다른 사람들이 보내는 정보와 평판 신호에 세심한 주의를 기울인다. 이런 신호들은 많은 사람이 그들의 개인적인 정보에 근거해서 다른 사람이 틀렸거나 심각한 실수를 하고 있다고 생각할 만한 이유가 있을 때조차 동조를 낳는다. 또한 정보적, 평판적 영향은 사람들로 하여금 자신이 가진 정보를 믿지 못하고 공개하지 못하게 만드는 폭포 현상을 낳는다. 폭포 현상과 실수는 사람들이 전임자의 결정과 진술을 고려할 때 무의식 중에 일어난다. 실수는 사람들이 동조에 따라 보상받을 때 확대되고, 사람들이 개인적으로 옳은 결정을 내리기보다 집단 차원에서 옳은 결정을 내림으로써 보상받을 때 최소화된다.

폭포 현상은 동조와 마찬가지로 그 자체로는 문제가 되지 않는다. 때로는 사람들이 자신의 정보에만 의존하는 상황에 비해 좋은 결과를 낳기도 한다. 진짜 문제는 폭포 현상이 진행 중일 때 사람들이 다른 사람에게 도움이 될 수 있는 정보를 공개하지 않는다는 점이다. 이에 따른 결과는 개인과 민간 및 공공 집단 모두가 심각한, 때로는 재앙 수준의 실수를 저지를 수 있다. 법을 만들고, 집행하고, 해석하는 일에 관여하는 기관들은 하나같이 동조와 폭포 현상의 지배를 받는다. 그 결과 정부는 자주 실수를 범했다. 우리는 법원 내에서 특히 까다로운 분야와 관련된 경우에 선례를 그대로 답습함으로써 폭포 현상이 발생할 가능성이 매우 높다는 사실을 확인했다. 또한 그런 분야에서는 폭포 현상이 자기 영속적이고 자기 단절적인 경향이 있음을 살펴보았다.

일반적인 교훈은 명확하다. 사적인 견해와 정보를 공개하도록 촉진할 제도를 고안하는 것이 지극히 중요하다는 사실이다. 동조 행위를 오히려 보상하는 제도는 실패할 가능성이 높다. 반면에 개방성과 반대 의견을 존중하는 규범을 만들어 낸다면, 그 제도는 성공할 가능성이 매우 높다. 하지만 그런 요소들은 집단 극화의 위험성과 밀접한 관련이 있다. 비슷한 생각을 가진 사람들이 모인 집단은 제한된 논의 풀과 평판에 대한 고려 때문에 극단으로 치달을 가능성이 높다. 이에 따른 위험은 해당 집단의 여론이 정당화될 수 없는 방향으로 움직일 수 있다는 점이다. 이른바 〈내부 고발자〉를 만들고, 사람들이 더 많은 정보를 갖게 된다면 지지할 수 없을 움직임을 견제하기 위한 제도 장치를 고안하는 것은 매우 중요하다.

이런 점들은 법과 정책의 수많은 문제를 암시한다. 나는 여기에서 그런 문제 중 일부에 초점을 맞추었다. 우리는 사회적 영향에 대한 이해가 법의 표현 기능에 새로운 시각을 제시한다는 것을 알았다. 법은 단순히 존재함으로써, 그리고 거의 집행되지 않음에도 특정한 행위에 관여할지 말지 확신이 없는 사람들의 행동에 ─ 그런 행위를 하는 사람들에게 이의를 제기할지 말지 확신이 없는 사람들의 행동에도 ─ 영향을 미칠 수 있다. 공공장소에서의 흡연과 성추행을 금지하는 법이 좋은 예이다. 이런 측면에서 법의 효력은 적절한 행동에 대한 신호를 제공하고, 다른 사람들이 적절한 행동이라고 생각하는 것에 대한 정보를 제공함으로써 다수 의견에 대한 무지*를 일소하는 힘에 있다. 법 제정은 솔로몬 아시의 공모자나 스탠리 밀그램의 실험자와 같은 방식으로 작용할 수 있다. 사람들이 타인의 반응을 신경 쓴다는 점에서 법의 표현 기

* 실제로는 다수의 개인이 주목하고 있음에도 그 일이 소수의 입장일 것이라고 잘못 인지하는 경향.

능은 관련 행동이 가시적일 때 제고될 수 있다. 관련해서 공공장소에서의 흡연을 금지하는 것은 명백한 예이다.

같은 이유로 예비 범법자들이 그들을 지지하는 하위 공동체에서 사는 경우에 해당 기능은 약화될 것이다. 관련해서 마약을 이용하지 못하도록 금지하는 경우를 참고하라. 우리는 사회적 영향을 이해함으로써 어떤 경우에 법이 존재하는 것만으로도 효력을 발휘하는지, 그리고 어떤 경우에 강력한 집행 활동이 수반되지 않으면 효력을 발휘하지 못하는지 예측할 수 있다.

나는 동조나 폭포 현상, 집단 극화로 인해 나쁜 결과가 발생할 가능성을 미국 헌법의 많은 제도가 감소시키는 역할을 한다고 주장했다. 이런 제도는 중요한 정보와 대안적인 관점이 대중의 주목을 받게 될 가능성을 높인다. 법 제정이 다른 사고방식을 가진 두 기관에서 수행되고, 그럼으로써 정당화될 수 없는 움직임에 대한 잠재적인 견제와 균형을 제공하는 시스템을 가져왔다는 점에서 양원제는 가장 명백한 예이다. 또한 나는 미국 헌법 제정자들의 가장 두드러진 기여가 논쟁의 여지 자체가 없던 숙의 민주주의에 대한 그들의 지지가 아니라, (알렉산더 해밀턴의 표현에 따르자면) 〈정당 간의 충돌〉을 〈숙의를 촉진하기 위한〉 방법 중 하나로 보면서 정부 내부에 이질성을 확보하고자 한 그들의 헌신에 있다고도 주장했다.

사회적 영향에 대한 이해가 연방 법원에 높은 수준의 다양성을 확보하는 일의 중요성을 암시하는 나의 주장은 논란의 여지가 있을 것이다. 공화당에서 지명한 판사들이 하나의 사회적 계층으로서 민주당에서 지명한 판사들과 다르지 않다는 것은 어리석은 주장이다. 그리고 우리에게는 합의부에 2명의 판사와 당적이 다른 한 명의 판사를 함께 배치함으로써 잠재적인 〈내부 고발자〉를 만드는 일을 중요하게 생각할 충분한 이유가 있다. 물론 판사들이 무법자처럼 행동하는 경우는 드물지만, 비슷한 생각을 가진 판사들로 이루어진 집단은 극단으로 치닫기 쉽다. 믿음과 행동에 미치는 사회적 영향에 대한 이해는 고등 교육에서의 인종적 다양성을 — 최소한 그 같은 다양성이 학습 효과를 향상시킬 가능성이 높은 경우에 — 촉진하려는 노력의 합헌성을 뒷받침하기도 한다.

때때로 경각심을 일깨우기도 하지만 여기에서 논의된 대부분의 행동은 보통 사람들에게 합리성과 분별력이 있음을 보여 준다. 어떤 의심에 직면할 때 우리는 다른 사람의 견해에 주의를 기울일 필요가 있다. 사정이야 어쨌든 그들이 우리보다 더 잘 알 수 있기 때문이다. 다른 사람에게 이의를 제기할 때는 신중한 태도를 취하는 것이 현명하다. 그들이 옳을 수도 있을 뿐 아니라 사람들은 이의 제기를 당하는 것을 마냥 좋아하지 않기 때문이다. 자유를 가장 사랑하는 사회에서도 사람들은 자신의 위험을 무릅쓰고 반대한다. 반대하기를 꺼리는 이유는 단지 신중하기 때문만이 아니다. 예의상 그런 경우도 많다. 하지만 동조는 심각한 위험을 만든다.

동조하는 사람들은 전체의 이익을 위해 행동하고, 반대자들은 반사회적이고 이기적인 사람들로 여겨지는 것이 일반적이다. 어떤 면에서는 맞는 말이다. 경우에 따라서 동조자들은 사회적 유대를 강화하는 반면에, 반대자들은 그런 유대를 위태롭게 하거나 갈등을 불러오기도 한다. 하지만 한 가지 중요한 측면에서는 이런 일반적인 생각이 완전히 뒤바뀐다. 대부분 군중을 따르는 행동은 개인적인 이익을 위해서이지만, 스스로 최선이라고 생각되는 무언가를 개인들이 말하고 실천하는 것은 사회적인 이익을 위해서이다. 제대로 작동하는 기관들은 부분적으로는 반대자들의 권리를 보호하기 위해서, 하지만 주로 자신의 이익을 보호하기 위해서 동조를 억제하고 반대를 장려하기 위한 조치를 취한다.

감사의 말

이 짧은 책이 나오기까지 여정은 길고 복잡했다. 2003년 초에 나는 하버드 로스쿨에서 올리버 웬델 홈스 주니어 교수로서 〈동조와 거부Conformity and Dissent〉라는 강의를 진행했다. 강의 과정에서, 그리고 그 이후에 받은 의견들을 바탕으로 강의는 2003년 말에 하버드 대학교 출판사에서 『왜 사회에는 이견이 필요한가』라는 책으로 발간되면서 초점이 바뀌었고, 확장되었으며, 변형되었다. 당연히 원본과 그 책에는 겹치는 부분도 많다. 그런데도 나는 훨씬 짧을 뿐 아니라 더 초점이 명확하고, 덜 논쟁적이며, 덜 설교적인 ─ 동시에 더 익살스럽고 어떤 면에서 (내가 보기에) 더 영속적인 ─ 원래의 강의 교재를 더 좋아한다.

지금 이 순간에도 동조의 문제와 그에 관련된 주체성,

급진주의, 종속(縱續), 양극화, 다양성과 같은 문제들에 대한 세계적인 관심이 늘어나고 있다. 이 책은 강의 교재 원본을 오늘날의 실정에 맞게 수정한 버전이며, 주로 최신 정보와 명확한 설명을 위해 새로운 서문을 비롯하여 많은 부분이 수정되었다. 나는 2003년 이래로 기초 사회 과학 분야에서 상당한 진전이 이루어졌음을 안다. 그렇기에 그동안의 주요한 진전 내용을 요약하면서, 한편으로 논쟁의 여지가 있는 주장과 연구 결과에 의존하지 않기 위해 최선을 다했다. 물론 기초 사회 과학 분야는 이런 나의 시도와 별개로 계속해서 발전해 나갈 것이다.

많은 사람이 도움을 주었다. 유익한 토론과 의견을 나누어 준 제이컵 거슨, 리드 헤이스티, 데이비드 허슐라이퍼, 크리스틴 졸스, 캐서린 매키넌, 마사 C.누스바움, 수전 몰러 오킨, 에릭 포스너, 리처드 포스너, 리오르 스트라힐레비츠, 에드나 울먼마걸리트, 리처드 잭하우저에게 감사한다. 도움과 지원을 아끼지 않은 에이전트 사라 칼판트, 전반적으로 특히 서문과 관련해서 유용한 제안을 해 준 편집자 클라라 플래터에게 감사한다. 앤드류 하인리히와 코디 웨스트팔은 연구를 훌륭히 보조해 주었다.

들어가는 말

1 귀중한 논의를 제공하는 자료는 Anna Collar, *Religious Networks in the Roman Empire* (2014).

2 게임 이론을 강조하고 여기에서 다룬 논의를 상호 보완하는 대표적인 논고는 Edna Ullmann-Margalit, *The Emergence of Norms* (1976).

3 Whitney v. California, 274 US 357, 376 (1927) (Brandeis, J., concurring).

4 Bob Dylan, "Absolutely Sweet Marie" (1966), at https://www.bob dylan.com.

서론: 사회적 영향의 힘

1 David Schkade et al., "What Happened on Deliberation Day?" 95 Calif. L. Rev. 915 (2007).

2 David Schkade, Cass R. Sunstein, and Daniel Kahneman, "Deliberating about Dollars: The Severity Shift", 100 Colum. L. Rev. 1139 (2001).

3 이 문단의 진술들이 주로 근거한 자료는 William Landes et al.,

"Rational Judicial Behavior: A Statistical Study", 1 J. Legal Analysis 775 (2009); Cass R. Sunstein et al., *Are Judges Political?* (2006)을 참고하라. 또한 Richard L. Revesz, "Environmental Regulation, Ideology, and the DC Circuit", 83 Va. L. Rev. 1717, 1755 (1997)를 참고하라. 같은 보편적 취지에서 Frank Cross and Emerson Tiller, "Judicial Partisanship and Obedience to Legal Doctrine", 107 Yale L.J. 2155 (1998)를 보라. 크로스와 틸러는 공화당에서 임명된 판사 3명으로 구성된 합의부가 정부 기관의 조치를 거부할 가능성이 훨씬 높고, 그 결과 공화당에서 임명된 판사 2명과 민주당에서 임명된 판사 한 명으로 구성된 합의부보다 그들의 정치적 배경을 근거로 해당 합의부에 예상되는 결론에 도달할 가능성이 훨씬 높다는 사실을 발견했다. 합의부 효과에 관한 문헌은 풍부하며 수많은 조건과 정제된 자료를 제공한다. 자료가 포함된 귀중한 논의는 Pauline Kim, "Deliberation and Strategy on the United States Courts of Appeals: An Empirical Exploration of Panel Effects", 157 U. Pa. L. Rev. 1319 (2009)를 참고하라. 다수의 연구에 대한 개요와 분석을 포함한 또 다른 귀중한 자료는 Joshua Fischman, "Interpreting Circuit Court Voting Patterns: A Social Interactions Framework", 31 J. Law, Economics, and Organization 808 (2015)을 보라. 여성 판사의 존재가 남성 판사의 투표 방식에 영향을 끼치는지를 탐구하고 여성 판사의 존재가 성차별 소송에서 영향을 미친다는 (판사가 성차별 혐의를 주장하는 쪽에 유리하게 판단할 가능성이 10퍼센트 증가한다는) 사실을 발견하는 자료는 Christina Boyd et al., "Untangling the Causal Effects of Sex on Judging", 54 Am. J. Polit. Sci. 389 (2010)를 보라. 행정법의 다양한 분야가 더 많은 합의부 효과를 보이는지를 탐구하는 자료는 Morgan Hazelton et al., "Panel Effects in Administrative Law: A Study of Rules, Standards, and Judicial Whistleblowing", 71 S.M.U. L. Rev. 445 (2018)를 참고하라. 비교적 최근에 들어와서야 합의부 구성이 사법 행위에 영향을 끼쳤다는 사실을 발견하는 자료는 Jonathan Kastellec, "Panel Composition and Voting on the U.S. Courts of Appeals over Time", 64 Polit. Res. Q. 377 (2011)을 보라. 언론의 자유에 관한 어떤

소송에서 민주당 임명 판사들은 합의부 구성에 영향을 받지 않지만 공화당 임명 판사들은 상당히 영향을 받는다는 사실을 발견하는 자료는 Lewis Wasserman and John Connolly, "Unipolar Panel Effects and Ideological Commitment", 31 A.B.A. J. Lab. & Emp. Law 537 (2016)을 참고하라.

4 Luther Gulick, *Administrative Reflections from World War II* (1948).

5 Harold H. Gardner, Nathan L. Kleinman, and Richard J. Butler, "Workers' Compensation and Family and Medical Leave Act Claim Contagion", 20 J. Risk and Uncertainty 89, 101-110 (2000).

6 George A. Akerlof, Janet L. Yellen, and Michael L. Katz, "An Analysis of Out-of-Wedlock Childbearing in the United States", 111 Q.J. Econ. 277 (1996).

7 Edward Glaeser, E. Sacerdote, and Jose Scheinkman, "Crime and Social Interactions", 111 Q.J. Econ. 507 (1996).

8 Robert Kennedy, "Strategy Fads and Strategic Positioning: An Empirical Test for Herd Behavior in Prime-Time Television Programming", 50 J. Industrial Econ. 57 (2002).

9 Andrew F. Daughety and Jennifer F. Reinganum, "Stampede to Judgment", 1 Am. L. & Econ. Rev. 158 (1999).

10 따라서 밀은 주장한다. 〈의견 표현을 막는 행동이 일으키는 기이한 폐해는 그것이 인류를 — 기존 세대뿐 아니라 미래 세대도, 해당 의견에 찬성하는 사람들보다 반대하는 사람을 더더욱 — 약탈한다는 것이다. 그 의견이 옳은 경우에 인류는 오류를 진리로 바꿀 수 있는 기회를 강탈당한다. 그 의견이 틀린 경우에도 인류는 큰 이득을, 즉 진리가 오류와 충돌함으로써 생겨나는 진리에 대한 명확한 인식과 생생한 인상을 빼앗긴다. John Stuart Mill, *On Liberty, in Utilitarianism: On Liberty; Considerations on Representative Government* 85 (H. B. Acton ed. 1972).

11 Alan B. Krueger, *What Makes a Terrorist?* (10th anniversary edition, 2018).

12 Timur Kuran, "Ethnic Norms and Their Transformation through Reputational Cascades", 27 J. Legal Stud. 623, 648 (1998).

13 Cass R. Sunstein, "Why They Hate Us: The Role of Social Dynamics", 25 Harv. J.L. & Pub. Pol'y 429 (2002).

14 Russell Hardin, The Crippled Epistemology of Extremism, in *Political Rationality and Extremism* 3, 16 (Albert Breton et al. eds. 2002).

15 음식 선택과 관련된 재미있는 개론으로 Joseph Henrich et al., "Group Report: What Is the Role of Culture in Bounded Rationality? in Bounded Rationality: The Adaptive Toolbox" 353~354 (Gerd Gigerenzer and Reinhard Selten eds. 2001)를 보라. 예를 들어 〈많은 독일인이 체리를 먹은 뒤에 물을 마시면 치명적이라고 믿는다. 그들은 또한 청량음료에 얼음을 넣는 것이 건강에 해롭다고 믿는다. 하지만 영국인들은 오히려 체리를 먹은 후에 차가운 물을 즐긴다. 미국인들은 얼음같이 찬 음료를 사랑한다〉 같은 글 at 353. 일반적인 설명으로 Paul Omerod, *Butterfly Economics* (1993)를 보라.

16 Mathew Adler, "Expressivist Theories of Law: A Skeptical Overview", 148 U. Pa. L. Rev. 1363 (2000); Deborah Hellman, "Symposium: The Expressive Dimension of Governmental Action: Philosophical and Legal Perspectives", 60 Md. L. Rev. 465 (2001).

17 Robert Kagan and Jerome Skolnick, "Banning Smoking: Compliance without Enforcement", in *Smoking Policy: Law, Politics, and Culture* 78 (Robert L. Rabin ed. 1999).

1장 동조는 어떻게 작동하는가

1 Dominic Abrams et al., "Knowing What to Think by Knowing Who You Are: Self-Categorization and the Nature of Norm Formation, Conformity, and Group Polarization", 29 British J. Soc. Psychol. 97 (1990). 집단 소속과 자기 범주화가 강조된 자료는 John Turner et al.,

Rediscovering the Social Group: A Self-Categorization Theory 42-67
(1987).

2 Muzafer Sherif, "An Experimental Approach to the Study of
Attitudes", 1 Sociometry 90 (1937). 유용한 개요를 찾을 수 있는 자료는
Lee Ross and Richard Nisbet, *The Person and the Situation* 28-30
(1991).

3 Ross and Nisbet, 앞의 주 2번, 29쪽.

4 같은 책.

5 같은 책.

6 같은 책 29-30쪽.

7 Jonathan Thomas and Ruth McFadyen, "The Confidence
Heuristic: A Game-Theoretic Approach", 16 J. Econ. Psych. 97 (1995);
Paul Price and Eric Stone, "Intuitive Evaluation of Likelihood Judgment
Producers: Evidence for a Confidence Heuristic", 17 J. Behav. Decision
Making 39 (2004); Dan Bang et al., "Does Interaction Matter? Testing
Whether a Confidence Heuristic Can Replace Interaction in Collective
Decision-Making", 26 *Consciousness and Cognition* 13 (2014).

8 권위에 관한 논의를 보려면 Robert Cialdini, *Influence: The
Psychology of Persuasion* 208-236 (1993)을 참고하라. 일관적이고
자신감 있는 사람들이 주장하는 경우에 소수의 견해가 영향력을 가질 수
있다는 증거에 관해서는 Robert Bray et al., "Social Influence by Group
Members with Minority Opinions", 43 J. Personality and Soc. Psychol.
78 (1982)을 참고하라.

9 Abrams, 위의 주 1번, 99-104쪽.

10 Solomon Asch, "Opinions and Social Pressure", in *Readings
about the Social Animal* 13 (Elliott Aronson ed. 1995)의 개요.

11 Solomon Asch, *Social Psychology* 453 (1952).

12 Asch, "Opinions and Social Pressure", 위의 주 10번, 13쪽.

13 같은 글, 16쪽.

14 같은 글.

15 Rod Bond and Peter Smith, "Culture and Conformity: A Meta-Analysis of Studies Using Asch's Line Judgment Task", 119 Psychol. Bulletin 111, 116 (1996).

16 같은 글, 118쪽.

17 같은 글, 128쪽.

18 Ronald Friend et al., "A Puzzling Misinterpretation of the Asch "Conformity" Study", 20 Eur. J. of Soc. Psychol. 29, 37 (1990). 마찬가지로 가치 있는 자료는 Richard Griggs et al., "The Disappearance of Independence in Textbook Coverage of Asch's Social Pressure Experiments", 42 Teaching of Psych. 137 (2015).

19 Asch, *Social Psychology*, 위의 주 11번, 457-458쪽.

20 같은 책, 466쪽.

21 같은 책, 470쪽.

22 같은 책.

23 하지만 이러한 동조자들 중 일부는 동료들이 옳을지도 모른다는 생각과 별개로 자신이 동료들의 영향력에 취약하다는 사실을 인정하기가 창피했을 수 있다는 점에서 이 같은 해석에 문제를 제기할 수 있을 것이다.

24 Robert Shiller, *Irrational Exuberance* 149-150 (2000).

25 Bond and Smith, 위의 주 15번, 124쪽.

26 Asch, "Opinions and Social Pressure", 위의 주 10번, 23-24쪽.

27 Robert Baron et al., *Group Process, Group Decision, Group Action* 66 (2d ed. 1999).

28 Asch, "Opinions and Social Pressure", 위의 주 10번, 21쪽.

29 같은 글.

30 Sophie Sowden et al., "Quantifying Compliance and Acceptance through Public and Private Social Conformity, Consciousness and Cognition" 65 Conscious Cogn. 359 (2018).

31 같은 글.

32 B. Douglas Bernheim and Christine Exley, *Understanding Conformity: An Experimental Investigation* (2015), at https://

www.hbs.edu.

33 B. Douglas Bernheim, "A Theory of Conformity", 102 J. Polit. Econ. 841 (1994).

34 Spee Kosloff et al., "Assessing Relationships between Conformity and Meta-Traits in an Asch-Like Paradigm", 12 J. Influence 90 (2017).

35 Kees Van Den Bos et al., "Reminders of Behavioral Disinhibition Increase Public Conformity in the Asch Paradigm and Behavioral Affiliation with Ingroup Members", Front. Psych. (2015), at https:// www.frontiersin.org.

36 John Stuart Mill, "On Liberty", in *Utilitarianism: On Liberty; Considerations on Representative Government* 73 (H. B. Acton ed. 1972).

37 Baron et al., *Group Process*, 위의 주 27번.

38 같은 책.

39 Robert Baron et al., "The Forgotten Variable in Conformity Research: Impact of Task Importance on Social Influence", 71 J. Personality and Social Psychol. 915 (1996).

40 같은 글, 923쪽.

41 같은 글.

42 Daniel Goldstein et al., Why and When Do Simple Heuristics Work?, in *Bounded Rationality: The Adaptive Toolbox* 174 (Gerd Gigerenzer and Reinhard Selten eds. 2001).

43 같은 책.

44 Baron et al., "Forgotten Variable", 위의 주 39번, 925쪽.

45 같은 글.

46 Asch, "Opinions and Social Pressure", 위의 주 10번.

47 Baron et al., *Group Process*, 위의 주 27번, 119-120쪽.

48 같은 책, 18쪽. 이 연구 결과는 『벌거벗은 임금님』을 연상시키는데, 그 이야기에서 진실을 드러내기 위해서 필요했던 것은 온전한 분별력을 가진 사람의 목소리가 전부였다. Hans Christian Anderson, "The

Emperor's New Suit", in *Shorter Tales* (Jean Hersholt trans. 1948; 원전 출판 1837).

49 Brooke Harrington, *Pop Finance: Investor Clubs and New Investor Populism* (2008).

50 같은 책.

51 Abrams et al., 위의 주 1번, 104-110쪽.

52 Baron et al., *Group Process*, 위의 주 27번, 66쪽. 이 주장은 Turner, 위의 주 1번, 151-170쪽.

53 Abrams et al., 위의 주 1번, 106-108쪽.

54 같은 글.

55 같은 글, 108쪽. 반면에 자신이 다른 집단의 일원이라고 생각한 사람들은 공개적으로 이야기할 때 사실상 더 정확하고 비동조적인 답을 내놓았는데, 이런 현상은 흥미로운 수수께끼를 던진다. 사적인 진술보다 공개적인 진술에서 정확도가 상승한 이유는 무엇일까? 이 수수께끼는 우리가 피실험자들이 다른 집단 사람들의 의견에 동의하지 않는 것이 긍정적인 이익이라고 여길 수 있다는 가능성을 고려함으로써 해결된다(속으로는 그 사람들이 옳을지도 모른다고 생각할 수 있다). 현실에서 사람들이 상대편이나 적대자로부터 동의와 관련한 질문을 받을 때 이 효과는 고조될 수 있다. 동의하는 것이 평판이나 자아 개념에 희생을 수반한다는 단순한 이유 때문에 그들은 실제로는 동의할 때조차도 아마 그렇지 않다고 말할 것이다. 소수 집단이 끼치는 영향력의 성질에 관한 주목할 만한 연구 결과가 있다. 그들은 사람들이 개인적으로 표현하는 견해보다 공개적으로 표현하는 견해에 더 크게 영향을 미친다. Baron et al., *Group Process*, 위의 주 27번, 79-80쪽. 예를 들어, 동성애자의 권리에 대해 열광적인 지지를 표현하거나 또는 반대를 표하는 소수 집단의 구성원들은 공개적으로 진술되는 견해보다 익명으로 진술되는 견해에 더 많은 영향을 끼친다. 같은 책, 80쪽. 이 같은 사실은 비밀 투표의 효과에 대해서도 명백한 암시를 갖는다.

56 스스로를 다른 집단 소속이라고 생각하는 사람들이 공개적으로 이야기할 때 최소한의 동조와 최대한의 정확도가 발견되었음을 참고하라.

가장 많은 동조와 틀린 답변이 나온 것은 사람들이 스스로를 같은 집단이라고 여기고 공개적으로 이야기할 때였다. 그런데 동일한 실험 조건에서 사적으로 이야기할 때 틀린 응답의 수는 다른 조건들에서보다 주목할 만하게 높지 않았다. Abrams et al., 위의 주 1번, 108쪽.

57 아시의 실험에 관한 다른 주목할 만한 연구 결과가 있다. 예를 들면, 전통적으로 집단주의적이라고 묘사되는 문화들은 전통적으로 개인주의적이라고 묘사되는 문화들보다 더 큰 동조를 보인다. 〈우리의 논의를 토대로 만약 그 과제가 의견 문제라면 개인주의 문화와 집단주의 문화 사이에 존재하는 사회적 영향력에 대한 민감성의 차이가 훨씬 클 것으로 예상할 수 있을 것이다.〉Bond and Smith, 위의 주 15번, 128쪽. 1950년대 이래로 지속된 동조 현상의 선형적 감소는 시간이 흐르면서 사람들이 다수파의 의견을 기꺼이 거절한다는 것을 암시한다. 같은 글, 129쪽. 여성이 남성보다 동조할 가능성이 더 크다. 같은 글, 130쪽. 후자의 연구 결과는 강조할 가치가 있다. 이는 지위가 낮은 집단의 구성원들이 다양한 집단으로 구성된 조직 내에서 공개적으로 말할 가능성이 적다는 보편적인 연구 결과와 잘 들어맞는다. Caryn Christenson and Ann Abbott, Team Medical Decision Making, in *Decision Making in Health Care* 267, 273-276 (Gretchen Chapman and Frank Sonnenberg eds. 2000). 이 마지막 요점은 낮은 지위의 사람들이 발언하고 그들의 발언이 경청되도록 보장할 필요가 있음을 암시한다.

58 이 색다른 해석이 시작된 자료는 Thomas Blass, "The Milgram Paradigm after 35 Years: Some Things We Now Know about Obedience to Authority", in *Obedience to Authority: Critical Perspectives on the Milgram Paradigm* 35, 38-44 (Thomas Blass ed. 1999)를 참고하라. Shiller, 위의 주 24번, 150-151쪽. 밀그램의 실험은 여전히 많은 논란이 있는 상태이고, 그의 실험을 어떻게 해석할지에 관한 문제는 계속해서 논의를 불러일으킨다. 가상의 환경에서 복종 실험을 연구하는 자료는 Mel Slater et al., "A Virtual Reprise of the Stanley Milgram Obedience Experiments", 4 PLoS ONE 1 (2006)을 보라. 이 실험은 피실험자가 마치 현실 상황인 것처럼 반응했다는 사실을 발견하고 또한

밀그램의 실험과 양립할 수 있는 반응들을 발견한다. 피실험자가 자신을 실험자와 동일시하는 현상과 실험자가 옳을 것이라는 타당한 믿음 — 내가 본문에서 제공하는 내용과 일치하는 해석 — 을 강조하는 자료는 S. Alexander Haslam and Stephen Reicher, "Contesting the "Nature" of Conformity: What Milgram and Zimbardo's Studies Really Show", 10 PLoS Biology 1 (2012)을 보라. Gina Perry, *Behind the Shock Machine: The Untold Story of the Notorious Milgram Psychology Experiments* (2013)는 (내가 생각하기에) 너무 도발적이지만 몇몇 유용한 세부 내용을 가지고 있으며, 블라스가 제공하는 아시와 비슷한 해석인 동시에 내가 이 책에서 의존하는 해석과 일치한다고 보아도 무방하다. 세심하게 주목할 가치가 있는 대안적 견해는 밀그램의 연구가 〈동조나 복종에 대한 입증이 아닌 사회적 정체성에 기반한 지도력이 가진 능동적이고 헌신적인 추종자 정신을 유도하는 힘에 대한 탐구로〉 간주되어야 한다고 암시한다. Stephen Reicher et al., "Working toward the Experimenter: Reconceptualizing Obedience within the Milgram Framework as Obedience-Based Followership", 7 Perspectives on Psychological Sci. 315 (2012).

59 Stanley Milgram, Behavioral Study of Obedience, in Readings about the Social Animal 23 (7th ed. 1995).

60 같은 글, 24쪽.

61 같은 글, 25쪽.

62 같은 글, 27쪽.

63 같은 글, 29쪽.

64 같은 글, 30쪽.

65 Stanley Milgram, *Obedience to Authority* 35 (1974).

66 같은 책, 23쪽.

67 같은 책, 55쪽.

68 같은 책, 55-57쪽.

69 같은 책, 58쪽.

70 Jerry Burger, "Replicating Milgram: Would People Still Obey Today?", 64 Am. Psych. 1 (2009).

71 같은 글, 34쪽.

72 Blass, 위의 주 58번, 42-44쪽.

73 Milgram, Obedience to Authority, 위의 주 65번, 113-122쪽.

74 같은 책, 119쪽.

75 같은 책, 118쪽.

76 같은 책.

2장 폭포 현상

1 Matthew J. Salganik, Peter Sheridan Dodds, and Duncan J. Watts, "Experimental Study of Inequality and Unpredictability in an Artificial Cultural Market", 311 Science 854 (2006); Matthew Salganik and Duncan Watts, "Leading the Herd Astray: An Experimental Study of Self-Fulfilling Prophecies in an Artificial Cultural Market", 71 Soc. Psychol. Q. 338 (2008); Matthew Salganik and Duncan Watts, "Web-Based Experiments for the Study of Collective Social Dynamics in Cultural Markets", 1 Topics in Cognitive Sci. 429 (2009).

2 Salganik and Watts, "Leading the Herd Astray", 위의 주 1번.

3 Timur Kuran and Cass R. Sunstein, "Availability Cascades and Risk Regulation", 51 Stan. L. Rev. 683, 703-705 (1999).

4 Andrew F. Daughety and Jennifer F. Reinganum, "Stampede to Judgment", 1 Am. L. & Econ. Rev. 158 (1999).

5 David Hirshleifer, "The Blind Leading the Blind", in *The New Economics of Human Behavior* 188, 193-194 (Marianno Tommasi and Kathryn Ierulli eds. 1995).

6 같은 글, 195쪽. 자신의 전임자들이 어느 정도로 타인을 단순히 따라 했는지 사람들이 알지 못한다는 점을 강조하는 가치 있는 논의를 보려면 Erik Eyster and Matthew Rabin, "Naïve Herding in Rich-Information Settings", 2 Am. Econ. J.: Microecon. 221 (2010); and Erik Eyster and Matthew Rabin, "Extensive Imitation Is Harmful and Irrational", 129

Q.J. Econ. 1861 (2014)을 보라.

7 Gina Kolata, "Risk of Breast Cancer Halts Hormone Replacement Study", *New York Times*, at www.nytimes.com (July 11, 2002).

8 Hirshleifer, 위의 주 5번, 204쪽.

9 John F. Burnum, "Medical Practice a la Mode", 317 New Eng. J. Med. 1201, 1220 (1987).

10 Sushil Bikhchandani et al., "Learning from the Behavior of Others: Conformity, Fads, and Informational Cascades", 12 J. Econ. Persp. 151, 167 (1998).

11 Tim O'Shea, "The Creation of a Market: How Did the Whole HRT Thing Get Started in the First Place?", Mercola, at www.mercola.com (July 2001).

12 Eric Talley, "Precedential Cascades: An Appraisal", 73 So. Cal. L. Rev. 87 (1999).

13 Daughety and Reinganum, 위의 주 4번, 161-165쪽.

14 Lisa Anderson and Charles Holt, "Information Cascades in the Laboratory", 87 Am. Econ. Rev. 847 (1997).

15 Angela Hung and Charles Plott, "Information Cascades: Replication and an Extension to Majority Rule and Conformity-Rewarding Institutions", 91 Am. Econ. Rev. 1508, 1515 (2001).

16 예를 들면, 앤더슨/홀트 실험에서 피실험자 72퍼센트가 베이즈의 규칙에 따랐다. 또한 피실험자의 62퍼센트가 베이즈의 규칙에 따른 자료는 Marc Willinger and Anthony Ziegelmeyet, "Are More Informed Agents Able to Shatter Information Cascades in the Lab", in *The Economics of Networks: Interaction and Behaviours* 291, 304 (Patrick Cohendet et al. eds. 1996)를 참고하라.

17 같은 글, 291쪽.

18 Anderson and Holt, 위의 주 14번, 859쪽.

19 Hirshleifer, 위의 주 5번, 197-198쪽.

20 Willinger and Ziegelmeyet, 위의 주 16번.

21 같은 글, 305쪽.

22 몇몇 아이디어를 보려면 Cass R. Sunstein, #Republic (2016) 참조.

23 Hung and Plott, 위의 주 15번, 1511쪽.

24 같은 글, 1517쪽.

25 같은 글, 1515쪽.

26 John Stuart Mill, On Liberty, in *Utilitarianism: On Liberty; Considerations on Representative Government* (H. B. Acton ed. 1972).

27 Joseph Henrich et al., "Group Report: What Is the Role of Culture in Bounded Rationality?", in *Bounded Rationality: The Adaptive Toolbox* 356 (Gerd Gigerenzer and Reinhard Selten eds. 2001).

28 Edward Parson, Richard Zeckhauser, and Cary Coglianese, "Collective Silence and Individual Voice: The Logic of Information Games", in *Collective Choice: Essays in Honor of Mancur Olson* 31 (J. Heckelman and D. Coates eds. 2003).

29 Timur Kuran, *Private Truths, Public Lies* (1997); Christina Bicchieri and Yoshitaka Fukui, "The Great Illusion: Ignorance, Informational Cascades, and the Persistence of Unpopular Norms", in *Experience, Reality, and Scientific Explanation* 89, 108-114 (M. C. Galavotti and A. Pagnini eds. 1999). 매력적인 논의를 보려면 Malcolm Gladwell, *The Tipping Point* (1999) 참조.

30 Hans Christian Anderson, "The Emperor's New Suit", in *Shorter Tales* (Jean Hersholt 번역. 1948; 원본 출간 1837).

31 Henrich et al., 위의 주 27번, 357쪽.

32 Hung and Plott, 위의 주 15번, 1515-1517쪽.

33 같은 글, 1516쪽.

34 Parson, *Zeckhauser, and Coglianese*, 위의 주 28번.

35 같은 글.

36 David Grann, "Stalking Dr. Steere", *New York Times*, at 52 (July 17, 2001).

37 Bicchieri and Fukui, 위의 주 29번, 93쪽.

38 Andrew Higgins, "It's a Mad, Mad, Mad-Cow World", *Wall Street Journal*, at A13 (March 12, 2001; 내부 인용 부호 생략).

39 Alexis de Tocqueville, *The Old Regime and the French Revolution* 155 (Stuart Gilbert trans. 1955).

40 Russell Hardin, "The Crippled Epistemology of Extremism", in *Political Rationality and Extremism* 3, 16 (Albert Breton et al. eds. 2002).

41 Bicchieri and Fukui, 위의 주 29번, 114쪽.

42 Kuran, 위의 주 29번.

43 Larry Thompson, The Corporate Scandals: Why They Happened and Why They May Not Happen Again, Brookings Institution (2004; recounting the history of the Corporatep-Fraud Task Force); Sarbanes-Oxley Act of 2002, Pub. L. 107-204 (2002).

44 "Judge Puts Pledge of Allegiance Decision on Hold", Bulletin's Frontrunner, at www.lexis.com (June 28, 2002).

45 Kuran, 위의 주 29번.

46 같은 글.

47 같은 글.

48 Joseph Raz, *Ethics in the Public Domain* 39 (1994).

49 Amartya Sen, *Poverty and Famines* (1983).

50 Edwin Cameron, "AIDS Denial in South Africa", 5 Green Bag 415, 416-419 (2002).

51 F. A. Hayek, "The Use of Knowledge in Society", 35 Am. Econ. Rev. 519 (1945).

52 *Heuristics and Biases: The Psychology of Intuitive Judgment* (Thomas Gilovich et al. eds. 2002) 참조.

53 Roger Noll and James Krier, "Some Implications of Cognitive Psychology for Risk Regulation", 19 J. Legal Stud. 747 (1991).

54 Paul Slovic, *The Perception of Risk* 40 (2000).

55 Kuran and Sunstein, 위의 주 3번.

3장 집단 극화

1 Roger Brown, *Social Psychology* 203-226 (2d ed. 1985). 얼핏 보면 집단 극화는 콩도르세의 배심원 정리와 상반되는 것처럼 보일 수 있는데, 이 정리는 사람들이 하나는 거짓이고 다른 하나는 진실인 두 개의 선택지를 가진 공통 질문에 답하는 상황에서 각각의 투표자가 정답을 고를 평균 확률이 50퍼센트를 넘을 때 집단의 다수가 정답을 제시할 가능성은 집단의 크기가 커질수록 더욱 확고해진다는 이론이다. Paul H. Edelman, "On Legal Interpretations of the Condorcet Jury Theorem", 31 J. Legal Stud. 327, 329-334 (2002). 이 정리의 중요성은 만약 다수결의 원칙이 적용되고 사람들 각자가 대부분 답을 맞힌다면 집단이 개인보다, 큰 집단이 작은 집단보다 좋은 성과를 낼 가능성이 있다는 점을 입증하는 데 있다. 하지만 집단 극화가 개입되면 개인들은 스스로 판단을 내리지 않는다. 그들은 타인의 판단에 영향을 받는다. 상호 의존적인 판단이 만들어지고 일부 사람들이 틀릴 경우에 집단이 개인보다 나은 성과를 보일지는 전혀 확실하지 않다. 경험적인 증거를 위해서는 Norbert Kerr et al., "Bias in Judgment: Comparing Individuals and Groups", 103 Psychol. Rev. 687 (1996)을 보라. 일부 이론적인 사안들에 대해서는 David Austen-Smith and J. S. Banks, "Information Aggregation, Rationality, and the Condorcet Jury Theorem", 90 Am. Pol. Sci. Rev. 34 (1996)를 참고하라.

2 Brown, 위의 주 1번, 204쪽.

3 같은 책, 224쪽.

4 Albert Breton and Silvana Dalmazzone, *Information Control, Loss of Autonomy, and the Emergence of Political Extremism* 53-55 (Albert Breton et al. eds. 2002).

5 하지만 집단 극화는 단순히 타인의 견해에 노출됨으로써 발생할 수도 있다. Robert Baron et al., *Group Process, Group Decision, Group Action*

74 (2d ed. 1999).

6 David Schkade, Cass R. Sunstein, and Daniel Kahneman, "Deliberating about Dollars: The Severity Shift", 100 Colum. L. Rev. 1139 (2001).

7 같은 글, 1152, 1154-1155쪽.

8 Cass R. Sunstein et al., *Punitive Damages: How Juries Decide* 32-33 (2002).

9 같은 책, 36쪽.

10 분노 사건 중 상위 다섯 개는 평균 변화가 다른 어느 종류의 사건보다 11퍼센트 높았음을 보여 주는 Schkade et al., 위의 주 6번, 1152쪽을 보라. 배상금에 대해서도 그 영향은 여전히 극적이다. 높은 배상금이 상당한 차이로 상승한 사실을 보여 주는 같은 책을 보라. 이 연구 결과는 또 다른 연구 결과와 밀접하게 연관된다. 극단주의자들은 서로 간 토론의 결과로서 변할 가능성이 매우 높고, 또한 가장 많이 변할 수 있다. John Turner et al., *Rediscovering the Social Group* 154-159 (1987).

11 Sharon Groch, "Free Spaces: Creating Oppositional Spaces in the Disability Rights Movement", in *Oppositional Consciousness* 65, 67-72 (Jane Mansbridge and Aldon Morris eds. 2001).

12 Baron et al., *Group Process*, 위의 주 5번, 77쪽.

13 R. Hightower and L. Sayeed, "The Impact of Computer-Mediated Communication Systems on Biased Group Discussion", 11 *Computers in Human Behavior* 33 (1995).

14 Patricia Wallace, *The Psychology of the Internet* 82 (2000).

15 Brown, 위의 주 1번, 200-245쪽; Sunstein, 위의 주 8번.

16 Brown, 위의 주 1번, 217-222쪽.

17 Caryn Christensen and Ann Abbott, "Team Medical Decision Making", in *Decision Making in Health Care* 271 (Gretchen Chapman and Frank A. Sonnenberg eds. 2000).

18 Robert Baron et al., "Social Corroboration and Opinion Extremity", 32 J. Experimental Soc. Psychol. 537 (1996).

19 같은 글.

20 Chip Heath and Richard Gonzales, "Interaction with Others Increases Decision Confidence but Not Decision Quality: Evidence against Information Collection Views of Interactive Decision Making", 61 *Organizational Behavior and Human Decision Processes* 305-326 (1997).

21 Brown, 위의 주 1번, 213-217쪽.

22 Baron et al., *Group Process*, 위의 주 5번, 74쪽.

23 같은 책, 77쪽.

24 Schkade et al., 위의 주 6번, 1152, 1155-1156쪽.

25 같은 글, 1140쪽.

26 같은 글, 1161-1162쪽.

27 Christensen and Abbott, 위의 주 17번, 269쪽.

28 Timothy Cason and Vai-Lam Mui, "A Laboratory Study of Group Polarisation in the Team Dictator Game", 107 Econ. J. 1465 (1997).

29 같은 글.

30 같은 글, 1468-1472쪽.

31 이것은 징벌적 손해 배상금에 관한 연구의 교훈인데 극단적인 중간값을 가진 집단들은 여기서 가장 큰 변화를 보여 주었다. Schkade et al., 위의 주 6번, 1152쪽. 다른 증거를 보려면 Turner et al., 위의 주 10번, 158쪽을 참조하라.

32 Maryla Zaleska, "The Stability of Extreme and Moderate Responses in Different Situations", in *Group Decision Making* 163, 164 (H. Brandstetter, J. H. Davis, and G. Stocker-Kreichgauer eds. 1982).

33 Dominic Abrams et al., "Knowing What to Think by Knowing Who You Are: Self-Categorization and the Nature of Norm Formation, Conformity, and Group Polarization", 29 British J. Soc. Psychol. 97, 112 (1990).

34 Hans Brandstatter, "Social Emotions in Discussion Groups",

in *Dynamics of Group Decisions* (Hans Brandstatter et al. eds. 1978). 이 증거를 이른바 〈집단 극화의 자기 범주화〉라는 새로운 분석의 토대로 사용하고자 한 자료는 Turner et al., 위의 주 10번, 154-159쪽을 참고하라.

35 Brandstatter, 위의 주 34번. 상대적인 극단주의자로 구성된 집단이 더욱 극단적으로 치달을 거라는 흥미로운 암시에 대해서는 Turner et al., 위의 주 10번, 154-159쪽을 보라.

36 Turner et al., 위의 주 10번, 151쪽.

37 같은 책.

38 Russell Spears, Martin Lee, and Stephen Lee, "Deindividuation and Group Polarization in Computer-Mediated Communication", 29 Brit. J. Soc. Psych. 123-124 (1990).

39 Russell Hardin, *The Crippled Epistemology of Extremism, in Political Rationality and Extremism* (Albert Breton et al. eds. 2002).

40 James Fishkin and Robert Luskin, "Bringing Deliberation to the Democratic Dialogue", in *The Poll with a Human Face* 3, 29-31 (Maxwell McCombs and Amy Reynolds eds. 1999).

41 Alan Blinder and John Morgan, "Are Two Heads Better than One? An Experimental Analysis of Group vs. Individual Decisionmaking", NBER Working Paper 7909 (2000).

42 같은 글, 44-46쪽.

43 Eugene Burnstein, "Persuasion as Argument Processing", in *Group Decision Making* (H. Brandstetter, J. H. Davis, and G. Stocker-Kreichgauer eds. 1982).

44 Brown, 위의 주 1번, 225쪽.

45 Amiram Vinokur and Eugene Burnstein, "The Effects of Partially Shared Persuasive Arguments on Group-Induced Shifts", 29 J. Personality & Soc. Psychol. 305 (1974).

46 같은 글.

47 Brown, 위의 주 1번, 226쪽.

48 같은 책.

49 Abrams et al., 위의 주 33번, 112쪽.

4장 법과 제도

1 Mathew Adler, "Expressivist Theories of Law: A Skeptical Overview", 148 U. Pa. L. Rev. 1363 (2000).

2 Robert Kagan and Jerome Skolnick, "Banning Smoking: Compliance without Enforcement", in *Smoking Policy: Law, Politics, and Culture* (Robert L. Rabin ed. 1999).

3 같은 글.

4 같은 글, 72쪽.

5 같은 글, 72-73쪽.

6 같은 글, 78쪽.

7 Dan M. Kahan, "Gentle Nudges v. Hard Shoves: Solving the Sticky Norms Problem", 67 U. Chi. L. Rev. 607 (2000).

8 몇몇 근본적인 증거가 논의된 자료는 Cass R. Sunstein, *Simpler* (2013)를 보라.

9 Kagan and Skolnick, 위의 주 2번, 78쪽.

10 Stephen Coleman, Minnesota Department of Revenue, The Minnesota Income Tax Compliance Experiment State Tax Results 1, 5-6, 18-19 (1996), at http://www.state.mn.us.

11 H. Wesley Perkins, "College Student Misperceptions of Alcohol and Other Drug Norms among Peers", in *Designing Alcohol and Other Drug Prevention Programs in Higher Education* 177-206 (U.S. Department of Education ed. 1997).

12 Luther Gulick, *Administrative Reflections from World War II* 120-125 (1948).

13 같은 책, 120쪽.

14 같은 책, 121쪽.

15 같은 책, 120-123쪽.

16 같은 책, 125쪽.

17 같은 책.

18 같은 책. 관련 제도들이 반대를 장려하지 않을 때 민주주의 안에서 발생하는 일련의 실수의 예시들에 대해서 Irving Janis, *Groupthink* (2d ed. 1982)도 보라.

19 Gulick, 위의 주 12번, 125쪽.

20 Brutus, "Essays of Brutus", in *2 The Complete Anti-Federalist* 369 (H. Storing ed. 1980).

21 Alexander Hamilton, The Federalist No. 70, at 426-437 (Clinton Rossiter ed. 1961). 아시의 다음과 같은 주장과 비교하라. 〈견해의 충돌은 폭넓은 중요성을 지닌 사건들을 발생시킨다. 나는 다른 사람이 나 자신의 행동을 보듯이 나 자신의 행동을 보는 특정한 입장을 취하도록 유도된다. (……) 이제 나는 내 안에 두 개의 입장을, 즉 나 자신과 타인의 입장을 가지고 있다. 둘 다 이제는 내 사고의 일부이다. 이런 식으로 개인적 사고의 한계는 타인들의 사고를 포함함으로써 초월된다. 나는 이제 도움을 받지 않은 나 자신의 이해로 가능했던 것보다 많은 대안에 대해서 열려 있다. 의견 불일치는 그 이유를 이해할 수 있는 경우에 우리의 객관성을 해치기보다 오히려 풍부하게 하고 강화한다.〉 Solomon Asch, *Social Psychology* 131-132 (1952). 매우 다른 학문 분야에서 존 롤스는 유사한 방식으로 표현한다. 〈일상 생활에서 타인과의 의견 교환은 우리의 편견을 저지하고 우리의 시각을 넓혀 준다. 우리는 타인의 입장에서 상황을 보게 되고, 우리가 가진 시각의 한계를 절실히 느끼게 된다. (……) 토론에서 얻는 이득은 심지어 우리를 대표하는 입법가들조차 지식과 사고 능력이 제한되어 있다는 사실에 있다. 그들 중 누구도 다른 사람들이 아는 전부를 다 알지 못하고, 그들이 협력하여 도출해 낼 수 있는 것과 동일한 추론을 전부 만들어 내지도 못한다. 토론은 정보를 결합하고 논의의 범위를 확장하는 방법이다.〉 John Rawls, *A Theory of Justice* 358-359 (1971). 이러한 생각은 아리스토텔레스로 거슬러 올라갈 수 있는데, 그가 암시한 바에 따르면 다양한 집단이 〈모두 함께 모일 때…… 그들은 소수 정예의

자질을 — 개별적으로는 아니지만 집합적으로, 그리고 전체로서 —
능가할 수 있다. (……) 토론 과정에 기여하는 사람이 많을 때 각자는 자기
몫의 우수성과 도덕적 신중함을 제공할 수 있다. (……) 몇몇은 한 부분을
인식하고 몇몇은 다른 부분을 인식하고 모두 합쳐서 전부를 인식한다.〉
Aristotle, *Politics* 123 (E. Barker trans. 1972). 여기에서 나의 논의는
왜 이 견해가 진실이거나 진실이 아닐 수 있는지, 그리고 어떤 상황에서
그러한지를 보여 주는 데 많은 부분을 할애한다.

22 Roger Sherman, *1 Annals of Congress* 733-745 (Joseph Gale ed.
1789).

23 James Wilson, "Lectures on Law", in *1 The Works of James Wilson*
291 (Robert Green McCloskey ed., 1967).

24 *3 The Records of the Federal Convention of 1787*, at 359 (Max
Farrand ed., rev. ed. 1966).

25 Alexander Hamilton, *The Federalist* No. 78, at 528 (J. Cooke ed.
1961).

26 James Madison, Report of 1800, January 7, 1800, in 17 Papers of
James Madison 344, 346 (David Mattern et al. eds. 1991).

27 Miami Herald Publishing Co. v. Tornillo, 418 US 241 (1974)
(striking down a right-of-reply law).

28 Anne Phillips, *The Politics of Presence* (1995); Iris Young, *Justice
and the Politics of Difference* 183-191 (1994).

29 Richard L. Revesz, "Environmental Regulation, Ideology, and the
DC Circuit", 83 Va. L. Rev. 1717 (1997); Frank Cross and Emerson
Tiller, "Judicial Partisanship and Obedience to Legal Doctrine", 107
Yale L.J. 2155 (1998).

30 Cass R. Sunstein et al., *Are Judges Political?* (2006), Richard L.
Revesz, "Ideology, Collegiality, and the DC Circuit", 85 Va. L. Rev.
805, 808 (1999). 많은 참고 문헌을 찾으려면 서론의 주 3번도 보라.
마찬가지로 가치 있는 자료는 Jonathan P. Kastellec, "Hierarchical and
Collegial Politics on the U.S. Courts of Appeals", 73 J. Pol. 345 (2011);

Jonathan P. Kastellec, "Racial Diversity and Judicial Influence on Appellate Courts", 57 Am. J. Pol. Sci. 167 (2013); William Landes et al., "Rational Judicial Behavior: A Statistical Study", 1 J. Legal Analysis 775 (2009)를 보라.

31 Revesz, "Ideology", 위의 주 30번, 805, 808쪽.

32 같은 글, 808쪽.

33 Revesz, "Environmental Regulation", 위의 주 29번, 1752쪽.

34 같은 글, 1754쪽.

35 Landes et al., 위의 주 30번; Sunstein et al., *Are Judges Political?* 위의 주 30번.

36 Thomas Miles and Cass R. Sunstein, "The Real World of Arbitrariness Review", 75 U. Chi. L. Rev. 761 (2008); Revesz, *Environmental Regulation*, 위의 주 29번, 1754쪽.

37 Miles and Sunstein, 위의 주 36번.

38 같은 글.

39 Revesz, "Environmental Regulation", 위의 주 29번, 1754쪽.

40 같은 글, 1754쪽.

41 같은 글, 1753쪽.

42 같은 글.

43 Cross and Tiller, 위의 주 29번, 2155쪽. 주목할 만한 사실은 합의부 효과와 내부 고발자 효과가 최근의 포괄적인 연구에서 발견되지 않는다는 점이다. Kent H. Barnett et al., "Administrative Law's Political Dynamics", 71 Vand. L. Rev. 1463 (2018).

44 Chevron v. NRDC, 467 US 837 (1984).

45 Cross and Tiller, 위의 주 29번, 2169쪽.

46 Cross and Tiller, 같은 글, 2172-2173쪽.

47 같은 글, 2174-2176쪽. 하지만 Barnett et al., 위의 주 43번은 어떤 내부 고발자 효과도 발견하지 못한다는 사실에 주목하라.

48 Cross and Tiller, 위의 주 29번, 2174-2176쪽.

49 Revesz, "Environmental Regulation", 위의 주 29번, 1755쪽.

50 Landes et al., 위의 주 30번; Sunstein et al., 위의 주 30번.

51 Robert Baron et al., *Group Process, Group Decision, Group Action* 74 (2d ed. 1999).

52 Revesz, "Environmental Regulation", 위의 주 29번, 2175쪽.

53 David A. Strauss and Cass R. Sunstein, "The Senate, the Constitution, and the Confirmation Process", 101 Yale L.J. 1491 (1992).

54 Hopwood v. Texas, 78 F.3d 932, 944 (5th Cir. 1996); Grutter v. Bollinger, 288 F.3d 732 (6th Cir. 2002).

55 Regents of the Univ. of Cal. v. Bakke, 438 US 265 (1978 [opinion of Powell, J.]).

56 같은 글, 311-312쪽.

57 같은 글, 313쪽.

58 같은 글.

59 같은 글, 314쪽.

60 같은 글.

61 같은 글, 316-330쪽.

62 같은 글, 317쪽.

63 같은 글.

64 Grutter v. Bollinger, 539 US 306 (2003); Gratz v. Bollinger, 539 US 244 (2003).

65 City of Richmond v. Croson, 488 US 469, 477 (1989).

66 United States v. Paradise, 480 US 149 (1987); Local No. 93, International Association of Firefighters v. Cleveland, 478 US 616 (1987).

67 개괄적인 논의를 보려면 Kathleen M. Sullivan, "Sins of Discrimination: Last Term's Affirmative Action Cases", 100 Harv. L. Rev. 78, 96 (1986)을 참고하라. 〈공공 기관과 사립 기관의 고용주들은 그들 자신이 과거에 지은 차별의 죄악을 씻으려는 이유를 제외하고도 많은 이유로 소수 집단 우대 정책을 시행하기로 선택할 수 있다. 예를 들어,

잭슨시의 학교 이사회는 부분적으로 잭슨시의 교육의 질을 향상시키기 위해 — 흑인 학생들의 성적을 향상시킴으로써, 또는 흑인과 백인 학생들 모두에게 백인 지상주의가 오늘날의 학교 제도를 지배한다는 생각을 떨쳐 버리도록 함으로써 — 그렇게 했다고 말했다. 이외에도 고용주들은 소수 집단 우대 정책을 시행하는 다른 미래 지향적인 이유들을 제시할 수 있을 것이다. 예컨대 흑인 유권자들에게 제공하는 서비스를 개선한다거나, 지역 공동체의 일자리 할당을 둘러싼 인종적 갈등을 방지한다거나, 노동력의 다양성을 증가시킨다는 등의 이유를 제시할 수 있을 것이다. 또는 단순히 그들의 사업체로부터 인종적 카스트 제도의 사실상 모든 화신을 제거하기 위해서 소수 집단 우대 정책을 채택할 수도 있을 것이다. 이 모든 이유는 인종적으로 통합된 미래를 열망하지만, 그 어느 것도《인종적인 균형 그 자체를 위한 목적》으로 축소되지 않는다.〉

68 Sandra Day O'Connor, "Thurgood Marshall: The Influence of a Reconteur", 44 Stan. L. Rev. 1217, 1217, 1220 (1992).

옮긴이 고기탁 한국외국어대학교 불어과를 졸업하고, 펍헙 번역 그룹에서 전문 번역가로 일한다. 옮긴 책으로 앤드루 솔로몬의 『부모와 다른 아이들』, 에번 오스노스의 『야망의 시대』, 프랑크 디쾨터의 인민 3부작인 『해방의 비극』, 『마오의 대기근』, 『문화 대혁명』, 토마스 프랭크의 『민주당의 착각과 오만』, 헨리 M. 폴슨 주니어의 『중국과 협상하기』, 윌리엄 H. 맥레이븐의 『침대부터 정리하라』 등이 있다.

동조하기

발행일 **2023년 12월 15일 초판 1쇄**

지은이 **캐스 R. 선스타인**
옮긴이 **고기탁**
발행인 **홍예빈 · 홍유진**
발행처 **주식회사 열린책들**

경기도 파주시 문발로 253 파주출판도시
전화 031-955-4000 팩스 031-955-4004
홈페이지 www.openbooks.co.kr 이메일 humanity@openbooks.co.kr

Copyright (C) 주식회사 열린책들, 2023, *Printed in Korea.*
ISBN 978-89-329-2387-1 03300